Learning Through
Basic Grammar

English Reading Manual

基本文法から学ぶ
英語リーディング教本
徹底反復練習

薬袋善郎
Yoshiro Minai

研究社

はじめに

『黄リー教』はどういう本か

『基本文法から学ぶ 英語リーディング教本』(=『黄リー教』)を読んだある読者が次のようにツイートしました。

決してぶれない軸を手に入れた。

その通りです。辞書や文法書を見ればわかりますが、『黄リー教』が教える英文認識法(=品詞と働きと活用の相互関係に基づいて英文構造を認識するやり方)とは異なる、別の英文認識法は存在しません。どんな辞書でも、それから、まともな文法書・学習参考書ならどんな本でも、こうやって(=品詞と働きと活用の相互関係に基づいて)英文を認識しているのです。

ところが、「品詞と働きと活用の相互関係」に基づき英文を読んだ結果(=正解)を示す本は数えきれないほどありますが、「品詞と働きと活用の相互関係」そのものを詳細に説明して、その使い方を練習する本はほとんどありません。そのために、多くの人が、その一番肝心なこと(=品詞と働きと活用の相互関係)を知らずに英文を読み、辞書を引き、文法書・学習参考書を学んでいるのです。まるで若葉マークでポルシェやフェラーリに乗っているようなものです。

普通の文法書や学習参考書は知識を授けたり、問題の解き方を教える本です。しかし『黄リー教』はまったく違います。『黄リー教』は、**それまで見えていなかった(でも、いつも英文の背後に厳然と存在していた)「英文を支える抽象的な秩序」が見える「眼」を養う本です。**その「抽象的な秩序」が見えると、辞書を正しく使えるようになり、読むとき、書くときに「やれること」と「やれないこと」がはっきりわかるのです。多くの人は、その「眼」をもっていないので、辞書が発している「禁止サイン」をキャッチできず、読むとき、書くときに「やれないこと=やってはいけないこと」を平気でやって、自分ではそのことに気がつけないのです。

辞書が発する「禁止サイン」とは

辞書の「禁止サイン」は多くの場合「辞書に記載されていない」という形で発

せられるのです。これを正しくキャッチするためには、**辞書を引く前に「辞書にはこういう記述があるはずだ。もしなければ、この読み方は成立しないのだから」ということが、英文を見て自分でわかる必要があります。**

この事前予想（＝「辞書にはこういう記述があるはずだ」という予想）は、英文を構成する具体的な英単語を見たとき、その英単語が持つ抽象的な属性（＝品詞・働き・活用）が見えないと立てられません。そこで『黄リー教』はその抽象的な属性（＝品詞・働き・活用）が見える「眼」を養おうとしているのです。

『黄リー教』を習得する手順

まず『黄リー教』の本文を読んで「品詞と働きと活用が英文を支えるメカニズム」を理解します。次に本文中に挿入されている「質問」と各 Lesson の終わりに設定されている「問題」を繰り返し練習して、「理解」を「使える道具」に変えます。

本書は『黄リー教』の「41 の質問」と「21 の問題」の反復練習を強力にサポートするトレーニングブックです。[注] **読者は本書を絶えず携帯し、総計 3021 の Questions に答える練習を繰り返してください。**これによって自動的に『黄リー教』を習得できます。しかも最短時間で最も効果的に習得できます。

『黄リー教』の本文を読んで理解するのは優れて知的・創造的な営みです。しかし『徹底反復練習』の練習（＝理解を「使える道具」に変えるために行う練習）は機械的な単純作業です。ですから、ある意味、非常に楽です。弛みなく、たんたんと、毎日やり続ける。これだけでよいのです。しかも、少しやればすぐに効果を実感できます。全部やれば英文の見え方が完全に変わってしまいます。このことは、すでにこの練習を行った多くの読者によって実証されています。

> 注　本書の Questions & Answers は『黄リー教』に収録した Questions & Answers に準拠しています。ただし、一部、配列や文言が異なる場合がありますが、本質的な違いはありません。すでに覚えた文言で答えたい人は、そうしてかまいません。

ヤオ練→ノロ練→スラ練

本書の Questions は読者の知識・理解をテストしているのではありません。**読者の頭を「Questions を見て Answers を即答できる頭」に作り変えようとしているのです。**ですから、読者は Questions を見て、正解をウンウン考えたり、何

とかして思い出そうとする必要はまったくありません。すぐに Answers を見てください。Answers を見て、それを言えるようにすればよいのです（これを「八百長練習＝ヤオ練」といいます）。

　ただし、ヤオ練をしたからといって、すぐに Answers を隠してスラスラ言えるわけではありません。最初はつっかえ、つっかえ言えるようになるのが精一杯でしょう（この段階では「ノロノロ言える練習＝ノロ練」です）。ノロ練を繰り返すことによって、次第にスラスラ言える状態に近づけていくのです（これを「スラスラ言える練習＝スラ練」といいます）。

　スラ練で最も重要な要素は「スピード」です。特に「限定列挙を答える質問」は算数の九九のように**「口をついて一息に言える」**ところまで鍛えなければ**「読解・作文の道具」として使い物になりません。**したがって、スラ練は必然的に口頭練習です。

　スラ練して、スラスラ答えられる質問が増えるに従って、自分が変わっていくのを身体で実感します。なぜなら英文の見え方が激変するからです。『黄リー教』の内容は「知っているか、知らないか」ではなくて「使えるか、使えないか」が問題なのです。**『黄リー教』は「知っていても、使えなければ、知らないのと同じだ」**という思想で貫かれています。ですからスラ練は「反射的に答えられる」ことが非常に重要なのです。

推論と類推

　オウムか九官鳥のように、わけもわからずひたすら暗記を強いられて、英語の勉強に嫌気がさしていた人は、『黄リー教』を知ると、今度は「理屈（＝品詞・働き・活用）に基づく推論」だけで英文構造を考えて読もうとする傾向があります。そういう人は早晩行き詰まります。

　構文を考えるときは、「（理屈に基づく）推論」だけでなく、「似た英文の構造がこうだから、この英文の構造もこうじゃないか？　これで構造的に矛盾しないし、意味も通っている。だからきっとこう読むんだ！」という「（他の英文と比較する）類推」を働かせる必要があるのです。**「類推」が働くためには「正しい構造と和訳を言える英文のストック」をたくさん持っている必要があります。**英文を暗記するのではありません。英文を見て正しい構造と和訳を言えるようにするのです。[注]

　本書には全部で 6 章分の Q & A が収録されています。このうち「Chapter 6　問題英文の Q & A」が「類推力」を高める練習です（このスラ練をすると「正しい構造

を言える英文のストック」が増えるのです）。他の5つの章のQ＆Aが「推論力」を高める練習です（このスラ練をすると「抽象的な概念」を自在に操れるようになるのです）。要するに**「質問のQ＆Aのスラ練」が推論力を高め、「問題英文のQ＆Aのスラ練」が類推力を高める**のです。ですから両方をやることが大事です。

> 注　英文を見て構造と和訳を言えるようになると、暗記するときも英文全体を丸暗記する必要がなくなります。使えそうなフレーズを暗記しておけば、それを自分で組み合わせて英文を作れるからです。**「わけもわからず丸暗記した英文の全体を、間髪入れずにそのまま再現できる優秀なオウム」**より**「時間がかかっても、自分で構造を考えて、暗記したフレーズを組み合わせて英文を作れる人間」**の方が最終的に高いところに到達するのです。

『黄リー教』制覇の要諦はスラ練にあり！

　日本料理の作り方を書いた本を熟読して、手順を理解しても、実際に包丁を握って素材を切ってみなければ作り方は習得できません。『黄リー教』はいわば「日本料理の作り方を書いた本」であり、『徹底反復練習』をやることは「包丁を握って素材を切る」ことに相当します。「『黄リー教』はじっくり読んで理解した。しかし『徹底反復練習』はやっていない」という人と「『黄リー教』はざっと斜め読みしただけ。しかし『徹底反復練習』は文字通り徹底的に繰り返し練習した」という人を比べると、後者の方が格段に「英文を読める」ようになります。それは『黄リー教』が伝えようとしていることが「知識」ではなくて「技術」だからです。

『徹底反復練習』の構成とやり方

　本書は以下の6つのChapterで構成されています。

Chapter 1　Frame of Referenceの要点
Chapter 2　品詞と働きのQ＆A
Chapter 3　動詞の活用のQ＆A
Chapter 4　助動詞の活用のQ＆A
Chapter 5　質問のQ＆A
Chapter 6　問題英文のQ＆A

『黄リー教』の Lesson を 1 つ読み終えたら、本書を使って、その Lesson の「質問の Q & A」と「問題英文の Q & A」をスラ練する。完璧でなくても、ほぼ滑らかに言えるようになったら、次の Lesson に進む。これが『黄リー教』の理想的な勉強法です。

このようにして Lesson が進んで行くと「Frame of Reference の要点」「品詞と働きの Q & A」「動詞の活用の Q & A」「助動詞の活用の Q & A」の中に既習のものが出てきます。そうしたら、それもスラ練して潰していきます。このようにして、『黄リー教』を 1 周終えたときに Chapter 1〜6 の Q & A がすべて（完璧でなくても、ほぼ滑らかに）言えるようになっていれば、最も上手に『黄リー教』を勉強したと言ってよいです。ご自分でその効果を実感しているでしょう。

これに対し、『黄リー教』の 1 周目は「質問の Q & A」だけをやって、先を急ぎ、ともかく 1 周やり終えて、全体像をつかんでから、2 周目に「問題英文の Q & A」およびその他の Q & A をやるという方法もあります。上に述べた「黄リー教の理想的な勉強法」は 1 周終えるのにかなりの時間を要しますから、早く全体を知りたい人は、このやり方でもよいです。

スランプのとき

『黄リー教』をきちんと 1 周終えるには最低でも 3 か月はかかります。途中で心理的、肉体的にスランプになって『黄リー教』を読めない（読む気がしない）ときがあると思います。あるいは仕事が忙しくて『黄リー教』に時間を割けないときもあります。そういうときは、すでに練習済みの Q & A のスラ練だけしていればよいです。スラ練だけしていれば、力が落ちないどころか、むしろ再開したときにより力が伸びています。

性悪 Question

3021 個の Questions の中には、何度練習してもスラスラ言えるようにならないものがあります。そういう Question は相性が悪いのです。そういう**性悪 Question** はマークして、**毎日練習する**ようにすれば、ほどなく手なずけることができます。

続編について

　本書の続編の『実践演習』（近刊）は、『黄リー教』と『徹底反復練習』で身につけた「推論力」と「類推力」を使い、初見の英文で読解練習をするためのドリルです。内容は「ドリル初級・中級」「F.o.R. 検定テスト初級」「中学 1 年生で学ぶ英文」で、いずれも和訳・構造図・詳細な解説が付いています。本書を終えたら、あるいは本書と並行して、『実践演習』で読解力に磨きをかけてください。

『黄リー教』 サポート情報

　『黄リー教』発刊以来、Twitter 上には「黄リー教を楽しむ会」が結成され、Twitter を通じて多くの読者から感想をいただいたり、質問を受けたり、それに答えたりしてきました。このやりとりを通して、「黄リー教の効果的な読み方」や「読者がつまずくところ」や「補足説明した方がよいところ」などについて多くの知見・情報が蓄積されました。これらを整理して、私の HP 上で公開しています。

　また、私と生徒の問答（＝F.o.R. 特訓）を録音したデータも公開しています。**「黄リー教サポート情報」は必ず参考になりますから、閲覧・視聴して『黄リー教』の学習に役立ててください**。私の HP は「薬袋善郎の公式ウェブサイト」で検索すると見つかります。

　本書は、『黄リー教』読者の強い要望に背中を押され、研究社編集部の鎌倉彩さんに手を引かれて、形になったものです。この場を借りて厚くお礼を申し上げます。ありがとうございました。

令和 5 年 2 月　　薬袋善郎

目　次

記号一覧表

S	主語
O	動詞の目的語
C	補語
①	完全自動詞
②	不完全自動詞
③	完全他動詞
④	授与動詞
⑤	不完全他動詞
−③	完全他動詞の受身形
−④	授与動詞の受身形
−⑤	不完全他動詞の受身形
n	名詞
a	形容詞
ad	副詞
aux	助動詞
＋	等位接続詞
接	従属接続詞
p.p.	過去分詞
［　］	名詞節
（　）	形容詞節
〈　〉	副詞節
⊤	準動詞

基本文法から学ぶ
英語リーディング教本
徹底反復練習

Chapter 1

Frame of Reference の要点

1 構造上の主語 + 述語動詞

2 ①・②・③・④・⑤・ー③・ー④・ー⑤

3 主語・動詞の目的語・前置詞の目的語・補語

4 同格・副詞的目的格

5 名詞修飾・補語

6 動詞修飾・形容詞修飾・他の副詞修飾・文修飾

7 構造上の主語・意味上の主語

8 名詞のみ

9 名詞のみ

10 名詞・形容詞

11 「前置詞 + 名詞」で形容詞句または副詞句となる

12 構造上の主語を伴って文を作る動詞

13 準動詞とは？

14 活用とは？

15 原形を用いる 5 つの場所は？

16 必ず述語動詞になる活用は？

17 必ず準動詞になる活用は？

18 been done は何形か？

19 being done は何形か？

20 受身とは？

21 受身の動詞型は？

22 －③の後ろに何が来るか？

23 －④の後ろに何が来るか？

24 －⑤の後ろに何が来るか？

25 be の 6 つの可能性は？

26 不定詞の 4 つの可能性は？

27 ing の 4 つの可能性は？

13　構造上の主語を伴わないので文は作れないが、その代わり名詞・形容詞・副詞の働きを兼ねる動詞

14　原形・現在形・過去形・過去分詞形・ing 形

15　to の後 / do 助動詞・一般助動詞の後 / 命令文 / make・have・let などの補語 / 仮定法現在

16　現在形・過去形

17　裸の過去分詞・裸の ing

18　過去分詞形

19　ing 形

20　能動態の文の目的語を主語にした文

21　－③・－④・－⑤

22　目的語も補語も来ない

23　目的語が 1 つ来る

24　補語が来る

25　①・②・進行形・受身・完了・助動詞 be to

26　助動詞の一部＋述語動詞・不定詞名詞用法・不定詞形容詞用法・不定詞副詞用法

27　進行形・動名詞・現在分詞形容詞用法・分詞構文

28　過去分詞の4つの可能性は？

29　不定詞名詞用法の「前の働き」は？

30　不定詞形容詞用法の「前の働き」は？

31　動名詞の「前の働き」は？

32　現在分詞形容詞用法の「前の働き」は？

33　過去分詞形容詞用法の「前の働き」は？

34　裸の過去分詞の「前の働き」は？

35　裸の過去分詞の「後の働き」は？

36　裸の過去分詞が表す意味は？

37　分詞構文とは？

38　従属節とは？

39　従属節の3種類は？

40　大黒柱とは？

41　名詞節の働きは？

42　形容詞節の働きは？

43　関係代名詞の「内側の働き」は？

44　制限用法で、形容詞節の先頭にあり、内側で動詞の目的語か前置詞の目的語になっている場合

45　主語・動詞の目的語・前置詞の目的語・補語・名詞修飾

46　等位接続詞・従属接続詞

47　副詞節を作る、ただし that・if・whether は名詞節も作る

48　従属接続詞の that・if・whether / 疑問詞 / 感嘆詞 / 関係詞の what / 関係詞 -ever / 先行詞が省略された関係副詞

49　関係詞、ただし「what」と「関係詞 -ever」と「先行詞が省略された関係副詞」は除く

50　従属接続詞（that・if・whether も含む）・関係詞 -ever

Chapter 2

品詞と働きの Q&A

1 英語構文は「（　　）と（　　）に関する4つの基本ルール」と「（　　）に関する4つの基本ルール」で構成されている。

2 品詞と働きに関する4つの基本ルールとは？

3 活用に関する4つの基本ルールとは？

4 働きとは？

5 英語は（　　）要素（　　）要素（　　）要素（　　）要素の4つの要素と、これらをつなぐ（　　）でできている。

6 名詞の働きは？

7 動詞の働きは？

8 形容詞の働きは？

9 副詞の働きは？

10 接続詞は（　　）と（　　）の2種類である。

11 等位接続詞の働きは？

12 何かと何かをつなぐ働きをする接続詞は（　　）であって、（　　）は文を
　　（　　）要素あるいは（　　）要素に変える働きをしているだけである。

13 従属接続詞の働きは？

14 疑問詞は（　　）と（　　）と（　　）の3種類である。

15 関係詞は（　　）と（　　）と（　　）の3種類である。

16 感嘆詞は（　　）と（　　）の2種類である。

17 名詞の基本的働きは？

18 名詞の例外的働きは？

19 主語には（　　）と（　　）の2種類がある。

20 （　　）の主語は「構造上の主語」と呼ばれる。

21 （　　）の主語は「意味上の主語」と呼ばれる。

22 目的語には（　　）と（　　）の2種類がある。

23 動詞の目的語には（　　）と（　　）の2種類がある。

24 どういう名詞が動詞の目的語か？

25 どういう名詞が補語か？

| 26 | 補語になれる品詞は？ |

| 27 | 前置詞と結び付いた名詞の働きを（　　　）と言う。 |

| 28 | 「前置詞＋名詞」の品詞は？ |

| 29 | 同格とは？ |

| 30 | 副詞的目的格とは？ |

| 31 | 主語になれる品詞は？ |

| 32 | 動詞の目的語になれる品詞は？ |

| 33 | 名詞を（　　　）数・無（　　　）で使えるのは原則として（　　　）名詞の場合だけである。 |

| 34 | 自動詞とはどういう動詞か？ |

| 35 | 自動詞の番号は？ |

| 36 | 他動詞とはどういう動詞か？ |

| 37 | 他動詞の番号は？ |

| 38 | 能動態の動詞の番号は？ |

| 39 | 受動態の動詞の番号は？ |

| 40 | ①の動詞型は？ |

| 41 | ②の動詞型は？ |

42 ③の動詞型は？

43 ④の動詞型は？

44 ⑤の動詞型は？

45 −③の動詞型は？

46 −④の動詞型は？

47 −⑤の動詞型は？

48 ④の基本的意味は？

49 間接目的語に付く助詞は？

50 直接目的語に付く助詞は？

51 ⑤の基本的意味は？

52 「⑤OC」のOとCの間には（　　　）がある。

53 「⑤OC」のOとCの間にある「意味上の主語・述語関係」を日本語で言いなさい。

54 「⑤OC」を「⑤の基本的意味」と「OとCの間の意味上の主語・述語関係」のレベルで直訳しなさい。

55 述語動詞とは？

56 準動詞とは？

57　形容詞とはどういう語か？

58　形容詞が名詞を（　　　）するやり方に（　　　）と（　　　）の2タイプがある。

59　修飾とはどういう説明のやり方か？

60　形容詞が名詞修飾のときはどういう説明のやり方をしているか？

61　形容詞が補語のときはどういう説明のやり方をしているか？

62　どういう形容詞が補語か？

63　名詞修飾のことを（　　　）とも言う。

64　補語のことを（　　　）とも言う。

65　文修飾の働きをする副詞は主として（　　　）と（　　　）と（　　　）などを表す。

66　（　　　）（　　　）（　　　）（　　　）などの一部の特定の副詞は名詞を修飾できる。

67　（　　　）と（　　　）を表す副詞は、名詞の後ろに置けば、前の名詞を修飾できる。

68　（　　　）と（　　　）を表す副詞は、前置詞 from の目的語になれる。

Chapter 3

動詞の活用の Q&A

12　過去分詞形の動詞で文を作るにはどうしたらいいか？

13　過去分詞形の動詞を受身か完了で使ったら必ず文を作れるか？

14　なぜか？

15　受身や完了が準動詞になるのはどういう場合か？　形で言いなさい。

16　受身や完了が準動詞になるのはどういう場合か？　文法用語で言いなさい。

17　過去分詞形に付く助動詞は何か？

18　裸の過去分詞で文を作るにはどうしたらいいか？

19　なぜか？

20　過去分詞形の動詞を述語動詞で使うにはどうしたらいいか？

21　ing 形の可能性は？

22　着物を着ている ing の可能性は？

23　裸の ing の可能性は？

24　ing 形の動詞で文を作るにはどうしたらいいか？

25　ing 形の動詞を進行形で使ったら必ず文を作れるか？

26　なぜか？

27　進行形が準動詞になるのはどういう場合か？　形で言いなさい。

28 進行形が準動詞になるのはどういう場合か？ 文法用語で言いなさい。

29 ing 形に付く助動詞は何か？

30 裸の ing で文を作るにはどうしたらいいか？

31 なぜか？

32 ing 形の動詞を述語動詞で使うにはどうしたらいいか？

33 ing 形を大きく 2 つに分けると何と何か？

34 別の分け方で大きく 2 つに分けなさい。

35 動名詞で文を作るにはどうしたらいいか？

36 なぜか？

37 現在分詞で文を作るにはどうしたらいいか？

38 着物を着ている現在分詞の可能性は？

39 着物を着ている動名詞の可能性は？

40 裸の現在分詞の可能性は？

41 動名詞を述語動詞で使うにはどうしたらいいか？

42 なぜか？

Chapter 4

助動詞の活用の Q&A

12　have 助動詞の後には何形の動詞が来るか？

13　「have 助動詞 + 過去分詞形動詞」を何と言うか？

14　do 助動詞の後には何形の動詞が来るか？

15　一般助動詞の後には何形の動詞が来るか？

16　be 助動詞の活用の特徴は？

17　be 助動詞の活用を言いなさい。

18　have 助動詞の活用の特徴は？

19　do 助動詞の活用の特徴は？

20　do 助動詞が原形になるのはどういう場合か？

21　否定命令文はどういう形か？

22　一般助動詞の活用の特徴は？

23　辞書の捉え方と学校文法の捉え方が違う助動詞は何か？

24　それだけか？

25　完了準動詞はどういう形か？

26　完了準動詞の種類を文法用語で言いなさい。

12　過去分詞形

13　完了

14　原形

15　原形

16　全ての活用形がある

17　原形 be / 現在形 am・is・are / 過去形 was・were / 過去分詞形 been / ing 形 being

18　過去分詞形だけがない

19　過去分詞形と ing 形がない

20　命令文の場合

21　Don't 原形動詞. / Never 原形動詞.

22　現在形と過去形しかない

23　be 助動詞

24　have 助動詞も完了準動詞の場合は違う

25　to have p.p. / having p.p.

26　完了不定詞 / 完了動名詞 / 完了現在分詞

Chapter 5

質問の Q&A

3–3 主語になれる品詞は？

3–4 現在形の動詞は絶対に（　　　）になる。

3–5 現在形の動詞は絶対に（　　　）を作る。

3–6 過去形の動詞は絶対に（　　　）になる。

3–7 過去形の動詞は絶対に（　　　）を作る。

3–8 動詞は（　　　）にならないこともある。

3–9 動詞は（　　　）を作らないこともある。

3–10 be 動詞とは（　　　）動詞である。

3–11 be 動詞以外の動詞は何と言うか？

3–12 be 動詞の意味は？

3–13 be 動詞の現在形は？

3–14 be 動詞の過去形は？

3–15 be 動詞の過去分詞形は？

3–16 be 動詞の ing 形は？

3–17 誘導副詞 there の働きは？

質問 4　（　）内に **am, is, are, was, were** のどれかを入れなさい。

4–1 Today（　　　）Monday.

4–2 It（　　　）Monday today.

4–3 You（　　　）a little child then.

4–4 I（　　　）a good swimmer.（「上手です / 上手だった」2 通り）

4–5 You（　　　）a really hard worker.（「勉強家だ / 勉強家だった」2 通り）

質問 5　カッコ内の日本語を英語にしなさい。

5–1 （彼女）stood apart from（彼）.

5–2 （あなた）stood apart from（私たち）.

5–3 （私たち）stood apart from（あなた）.

5–4 （彼ら）stood apart from（私）.

5–5 （私）stood apart from（彼ら）.

質問 6　**He found the book easy.**

6–1 found は述語動詞か準動詞か？

6–2 found は何形か？

3–3　名詞のみ

3–4　述語動詞

3–5　文

3–6　述語動詞

3–7　文

3–8　述語動詞

3–9　文

3–10　原形が be である

3–11　一般動詞

3–12　ある・いる・存在する / 〜である

3–13　am, is, are

3–14　was, were

3–15　been

3–16　being

3–17　述語動詞を主語の前に引き出す

□□□□□□□□□□□□□□□　　　　　▶［黄リー教］p. 35

4–1　Today is Monday.

4–2　It is Monday today.

4–3　You were a little child then.

4–4　I am a good swimmer. / I was a good swimmer.

4–5　You are a really hard worker. / You were a really hard worker.

□□□□□□□□□□□□□□□　　　　　▶［黄リー教］p. 49

5–1　She stood apart from him.

5–2　You stood apart from us.

5–3　We stood apart from you.

5–4　They stood apart from me.

5–5　I stood apart from them.

□□□□□□□□□□□□□□□□　　　　▶［黄リー教］p. 62

6–1　述語動詞

6–2　過去形

6–3　found は何番か？

6–4　found は自動詞か他動詞か？

6–5　found の働きは？

6–6　found の基本的意味は？

6–7　この文の文型は？

6–8　book の働きは？

6–9　easy の品詞と働きは？

6–10　「構造上の主語＋述語動詞」を指摘せよ。

6–11　この英文中の「意味上の主語・述語関係」を日本語で言いなさい。

質問7　前置詞 / 動詞型

7–1　前置詞と結びついた名詞の働きを（　　　）と言う。

7–2　「前置詞＋名詞」の品詞は？

7–3　文とは何か？

7–4　目的語の2種類を言いなさい。

7–5　「私、私たち、あなた、あなたたち」を主格の代名詞で言いなさい。

7–6　「私、私たち、あなた、あなたたち」を目的格の代名詞で言いなさい。

7–7　「彼、彼女、それ、彼ら、それら」を主格の代名詞で言いなさい。

7–8　「彼、彼女、それ、彼ら、それら」を目的格の代名詞で言いなさい。

7–9　her の品詞と意味は？

7–10　補語になれる品詞は？

7–11　どういう形容詞が補語か？

7–12　どういう名詞が補語か？

7–13　①の動詞型は？

7–14　②の動詞型は？

7–15　③の動詞型は？

7–16　④の動詞型は？

7–17　⑤の動詞型は？

7–18　①の be 動詞が表す意味は？

7–19　②の be 動詞が表す意味は？

7–20　「④ O_1 O_2」の O_1 を何と言うか？

7–21　「④ O_1 O_2」の O_2 を何と言うか？

6–3　⑤

6–4　他動詞

6–5　⑤

6–6　認識した

6–7　第 5 文型（SVOC も可）

6–8　動詞の目的語

6–9　形容詞で補語

6–10　He found

6–11　その本は平易である

□□□□□□□□□□□□□□□□　　　　　　　▶［黄リー教］p. 64

7–1　前置詞の目的語

7–2　形容詞句・副詞句

7–3　構造上の主語＋述語動詞

7–4　動詞の目的語・前置詞の目的語

7–5　I, we, you, you

7–6　me, us, you, you

7–7　he, she, it, they, they

7–8　him, her, it, them, them

7–9　名詞だと「彼女」/ 形容詞だと「彼女の」

7–10　名詞・形容詞

7–11　動詞の助けを借りて名詞を説明する形容詞

7–12　前置詞が付いていなくて、「主語」または「動詞の目的語」とイコールになる名詞

7–13　V

7–14　V C

7–15　V O

7–16　V O O

7–17　V O C

7–18　ある・いる・存在する

7–19　〜である

7–20　間接目的語

7–21　直接目的語

7–22 ④の基本的意味は？

7–23 「読む」という意味の動詞の活用を言いなさい。

7–24 ⑤の基本的意味は？

7–25 「⑤ＯＣ」のＯとＣの間には（　　）がある。

7–26 「⑤ O as C」で使う⑤の動詞の基本的意味は？

7–27 「⑤ O as C」で使う⑤の動詞を６つ言いなさい。

7–28 動詞に前置詞や副詞などが付いて、全体として１つの動詞と捉えるものを（　　）と言う。

7–29 自動詞とはどういう動詞か？

7–30 自動詞の番号は？

7–31 他動詞とはどういう動詞か？

7–32 他動詞の番号は？

7–33 「⑤ＯＣ」のＯとＣの間にある「意味上の主語・述語関係」を日本語で言いなさい。

7–34 名詞の基本的働きは？

質問 8　I can speak English.

8–1 この英文の述語動詞は？

8–2 speak は何形か？

8–3 なぜ原形だと言えるのか？

8–4 speak は着物を着ているか、裸か？

8–5 着物はどれか？

8–6 speak は何番か？

8–7 can の品詞は？

8–8 can は何形か？

8–9 なぜ現在形だと言えるのか？

8–10 speak は絶対に述語動詞と言えるか？

8–11 なぜか？

8–12 この英文を否定文に変えなさい。

□□□□□□□□□□□□□□□□□ ▶［黄リー教］p. 76

8–1 speak

8–2 原形

8–3 一般助動詞が付いているから（「助動詞が付いているから」は不正解）

8–4 着物を着ている

8–5 can

8–6 ③

8–7 助動詞

8–8 現在形

8–9 can は一般助動詞で、一般助動詞には現在形と過去形しかなく、過去形は could だから、can は現在形である

8–10 言える

8–11 現在形の助動詞が付いているから（「一般助動詞が付いているから」も一応可。「現在形の助動詞が付いているから」の方がより本質的な答え。）

8–12 I cannot speak English. / I can't speak English.

質問9　助動詞/名詞が余ったときの考え方/限定詞

9–1　助動詞の 4 種類を言いなさい。

9–2　be 助動詞は何形の動詞に付くか？

9–3　have 助動詞は何形の動詞に付くか？

9–4　do 助動詞は何形の動詞に付くか？

9–5　一般助動詞は何形の動詞に付くか？

9–6　be 助動詞の活用は（　　）がある。

9–7　have 助動詞の活用は（　　）がある。

9–8　do 助動詞の活用は（　　）がある。

9–9　一般助動詞の活用は（　　）がある。

9–10　現在形の助動詞が付いた動詞は必ず（　　）になる。

9–11　過去形の助動詞が付いた動詞は必ず（　　）になる。

9–12　（　　）助動詞が付いた動詞は必ず述語動詞になる。

9–13　can の否定形は？

9–14　語尾が thing で終わる代名詞にかかる形容詞の位置は？

9–15　疑問文の 2 種類を言いなさい。

9–16　疑問詞の 3 種類を言いなさい。

9–17　「一般動詞を中心とした語群」の代わりをする do を（　　）と言う。

9–18　「主語が疑問詞である疑問文」の語順は？

9–19　否定疑問文の答え方は（　　）になる。

9–20　原形動詞を使うところは？

9–21　接続詞の 2 種類を言いなさい。

9–22　「名詞が余った」とはどういうことか？

9–23　名詞が余ったときの考え方は？

9–24　a の前から、a の後ろの名詞を修飾できる形容詞は？

9–25　the の前から、the の後ろの名詞を修飾できる形容詞は？

9–26　名詞修飾の形容詞を a の前に引き出す副詞は？

9–27　（　　）と（　　）と（　　）は重複使用できない。

9–28　形容詞の what の 3 種類を言いなさい。

9–29　a の前から、a の後ろの名詞を修飾できる what は（　　）だけである。

9–30　同格とは？

9–31 副詞的目的格とは？

9–32 副詞的目的格を形容詞・副詞にかけるときは（　　　）に置く。

質問 10　ing 形の枠組み / 進行形
10–1 ing の可能性は？
10–2 裸の ing の可能性は？
10–3 着物を着ている ing の可能性は？
10–4 現在分詞の可能性は？
10–5 裸の現在分詞の可能性は？
10–6 着物を着ている現在分詞の可能性は？
10–7 着物を着ている動名詞の可能性は？
10–8 ing 形の動詞が着る着物は？

質問 11　He is reading the book.
11–1 この文の述語動詞は？
11–2 絶対に述語動詞と言えるか？
11–3 なぜか？
11–4 現在形の動詞とはどれのことか？
11–5 is reading は何番か？
11–6 is reading を過去形に変えなさい。
11–7 is reading を原形に変えなさい。
11–8 is reading を過去分詞形に変えなさい。
11–9 is reading を ing 形に変えなさい。
11–10 reading の品詞は？
11–11 reading は何形か？
11–12 ing 形は大きく 2 つに分けると何と何か？
11–13 reading はどちらか？
11–14 現在分詞の可能性は？
11–15 ing の可能性は？
11–16 reading はその中のどれか？
11–17 reading は何番か？
11–18 reading は着物を着ているか、裸か？

□□□□□□□□□□□□□□□□□ ▶［黄リー教］p. 108

□□□□□□□□□□□□□□□□□ ▶［黄リー教］p. 110

11–19　着物はどれか？

11–20　着物を着ている ing の可能性は？

11–21　reading は述語動詞か、準動詞か？

11–22　絶対にそうだと言えるか？

11–23　なぜか？

11–24　is の品詞は？

11–25　is は何形か？

11–26　be 助動詞の後には何形の動詞が来るか？

質問 12　過去分詞形

12–1　分詞の 2 種類は？

12–2　p.p. は活用の何番目か？

12–3　p.p. の可能性は？

12–4　着物を着ている p.p. の可能性は？

12–5　裸の p.p. の可能性は？

12–6　p.p. で文を作る方法は？

12–7　p.p. に付く助動詞は？

12–8　裸の p.p. で文を作る方法は？

12–9　p.p. を述語動詞にする方法は？

質問 13　The cat was called Felix by the children.

13–1　この文の述語動詞は？

13–2　絶対に述語動詞と言えるか？

13–3　なぜか？

13–4　過去形の動詞とはどれのことか？

13–5　was called は何番か？

13–6　was called を現在形に変えなさい。

13–7　was called を原形に変えなさい。

13–8　was called を ing 形に変えなさい。

13–9　was called を過去分詞形に変えなさい。

13–10　called の品詞は？

13–11　called は何形か？

13–12　p.p. の可能性は？

11–19　is

11–20　進行形

11–21　述語動詞

11–22　言える

11–23　現在形の助動詞が付いているから

11–24　助動詞

11–25　現在形

11–26　過去分詞形・ing 形

▶［黄リー教］p. 124

□□□□□□□□□□□□□□□□

12–1　現在分詞・過去分詞

12–2　4 番目

12–3　受身・完了・過去分詞形容詞用法・分詞構文

12–4　受身・完了

12–5　過去分詞形容詞用法・分詞構文

12–6　受身か完了にする

12–7　be 助動詞・have 助動詞

12–8　ない（裸の p.p. は絶対に準動詞なので、文を作れない）

12–9　受身か完了にする

▶［黄リー教］p. 129

□□□□□□□□□□□□□□□□

13–1　was called

13–2　言える

13–3　過去形だから

13–4　was called

13–5　－⑤

13–6　is called

13–7　be called

13–8　being called

13–9　been called

13–10　動詞

13–11　過去分詞形

13–12　受身・完了・過去分詞形容詞用法・分詞構文

13–13 called はその中のどれか？

13–14 called は述語動詞か、準動詞か？

13–15 絶対にそうだと言い切れるか？

13–16 なぜか？

13–17 called は着物を着ているか、裸か？

13–18 着物はどれか？

13–19 着物を着ている p.p. の可能性は？

13–20 裸の p.p. の可能性は？

13–21 was の品詞は？

13–22 be 助動詞の後ろには何形の動詞が来るか？

13–23 was は何形か？

13–24 Felix の働きは？

13–25 children の働きは？

質問 14　受身

14–1 受身とはどういう文か？

14–2 受身にできるのは（　　　）動詞だけである。

14–3 （　　　）動詞は受身にできない。

14–4 受身の動詞型は？

14–5 p.p. の可能性は？

14–6 着物を着ている p.p. の可能性は？

14–7 裸の p.p. の可能性は？

14–8 be 助動詞の後ろには何形の動詞が来るか？

14–9 －③の後ろに来る要素は？

14–10 －④の後ろに来る要素は？

14–11 －⑤の後ろに来る要素は？

14–12 受身形の動詞は（　　　）と（　　　）の両方を表す。

14–13 品詞と働きの 4 ルールとは？

14–14 活用の 4 ルールとは？

14–15 疑問文の形を借りて、自分の主張を伝える英文を（　　　）と言う。

14–16 「be＋①の p.p.」は（　　　）の意味を表す。

14–17 p.p が着る着物は？

13–13 　受身

13–14 　述語動詞

13–15 　言い切れる

13–16 　過去形の助動詞が付いているから

13–17 　着物を着ている

13–18 　was

13–19 　受身・完了

13–20 　過去分詞形容詞用法・分詞構文

13–21 　助動詞

13–22 　過去分詞形・ing 形

13–23 　過去形

13–24 　補語

13–25 　前置詞の目的語

□□□□□□□□□□□□□□□　　　　　　　　　　　▶［黄リー教］p. 143

14–1 　能動態の文の「動詞の目的語」を主語に変えた文

14–2 　他（「③④⑤の」も正解）

14–3 　自（「①②の」も正解）

14–4 　−③・−④・−⑤

14–5 　受身・完了・過去分詞形容詞用法・分詞構文

14–6 　受身・完了

14–7 　過去分詞形容詞用法・分詞構文

14–8 　過去分詞形・ing 形

14–9 　ない、あったとしたら副詞要素

14–10 　動詞の目的語

14–11 　補語

14–12 　動作 / 状態

14–13 　「名詞の働き」「形容詞の働き」「副詞の働き」「動詞の働き」

14–14 　「原形を使うところ」「現在形・過去形は絶対に述語動詞」「p.p. の可能性」「ing の可能性」

14–15 　修辞疑問文

14–16 　完了

14–17 　be 助動詞・have 助動詞

質問 15　過去分詞形（再確認）

15–1　分詞の 2 種類は？

15–2　p.p. は活用の何番目か？

15–3　p.p. の可能性は？

15–4　着物を着ている p.p. の可能性は？

15–5　裸の p.p. の可能性は？

15–6　p.p. で文を作る方法は？

15–7　p.p. に付く助動詞は？

15–8　裸の p.p. で文を作る方法は？

15–9　p.p. を述語動詞にする方法は？

質問 16　副詞節 / 従属接続詞

16–1　副詞節を作る語は？

16–2　従属接続詞の働きは？

16–3　名詞節を作る従属接続詞は？

16–4　従属接続詞の that は何節を作るか？

16–5　if は何節を作るか？

16–6　whether は何節を作るか？

16–7　従属接続詞の「内側の働き」は？

16–8　従属接続詞の後ろにはどんな文が続くか？

16–9　「完全な文」とはどういう文か？

16–10　従属接続詞は、従属節内のどこに置かれるか？

質問 17　ing 形の枠組み（再確認）

17–1　ing の可能性は？

17–2　裸の ing の可能性は？

17–3　着物を着ている ing の可能性は？

17–4　現在分詞の可能性は？

17–5　裸の現在分詞の可能性は？

17–6　着物を着ている現在分詞の可能性は？

20–14 動詞と副詞を兼ねる準動詞は？

20–15 分詞構文が表す意味は？

20–16 分詞構文の「前の品詞」は？

20–17 分詞構文の「前の働き」は？

20–18 分詞構文の「後の働き」は？

20–19 分詞構文は（　　　）の分詞構文と（　　　）の分詞構文の2つがある。

20–20 being p.p. という分詞構文は（　　　）を表す。

20–21 having p.p. は（　　　）か（　　　）か（　　　）のどれかである。

20–22 準動詞を否定するときは（　　　）を置く。

20–23 分詞構文に「意味上の主語」を付けるときは（　　　）を直前に置く。

20–24 「to 原形動詞」の可能性は？

20–25 to 不定詞に「意味上の主語」を付けるときは（　　　）を置く。

20–26 進行形不定詞の形は？

20–27 受身不定詞の形は？

20–28 完了不定詞の形は？

20–29 「意味上の主語」が付いた分詞構文を（　　　）と呼ぶ。

20–30 進行形が準動詞になるのはどういう場合か？

質問 21　従属節

21–1 従属節とはどのようなものか？

21–2 従属節の3種類を言いなさい。

21–3 文とは何か？

21–4 英文とは何か？

21–5 従属節を含んだ英文は何と呼ばれるか？

21–6 大黒柱とは何か？

21–7 従属節の「外側」とはどういうことか？

21–8 従属節の「内側」とはどういうことか？

21–9 内外断絶の原則とはどういう原則か？

21–10 副詞節を作る語は？

21–11 従属接続詞は何節を作るか？

21–12 従属接続詞の that は何節を作るか？

21–13 従属接続詞の「内側の働き」は？

□□□□□□□□□□□□□□□□□□　　　　　　　　　　▶ [黄リー教] p. 233

21–14 従属接続詞の後ろにはどのような文が続くか？

質問 22 スラッシュの右側の英文を、スラッシュの左側の名詞を修飾する形容詞
節に変えて、スラッシュの左側の名詞に続けなさい。

22–1 the girl / The girl is singing now.

22–2 the actress / You spoke of the actress yesterday.

22–3 the house / The windows of the house are broken.

22–4 the care / He did the work carefully.

質問 23 形容詞節 / 関係代名詞

23–1 形容詞節の働きは？

23–2 形容詞節を作る語は？

23–3 関係代名詞の「内側の働き」は？

23–4 制限用法の関係代名詞が内側で補語の場合は（　　　）を使うか（　　　）する。

23–5 関係形容詞の whose は内側で（　　　）の働きをする。

23–6 形容詞節を和訳するとき、主語には（　　　）を付ける。

23–7 形容詞節を和訳するとき（　　　）は原則として訳出しない。

23–8 関係代名詞を省略できるのはどういう場合か？

23–9 関係代名詞を省略した形容詞節の内側は（　　　）になる。

質問 24 関係副詞 / 関係形容詞

24–1 関係副詞をすべて言いなさい。

24–2 関係代名詞を省略した形容詞節は（　　　）な文である。

24–3 関係副詞を省略した形容詞節は（　　　）な文である。

24–4 when の品詞は（　　　）と（　　　）と（　　　）である。

24–5 when S＋V が形容詞節のときは（　　　）と訳す。

24–6 when S＋V が副詞節のときは（　　　）と訳す。

21–14　完全な文

▶［黄リー教］p. 251

□□□□□□□□□□□□□□□□□□□

22–1　the girl who is singing now.

22–2　the actress who you spoke of yesterday
　　　the actress you spoke of yesterday
　　　the actress of whom you spoke yesterday

22–3　the house of which the windows are broken
　　　the house the windows of which are broken
　　　the house whose windows are broken

22–4　the care with which he did the work

□□□□□□□□□□□□□□□□□□

▶［黄リー教］p. 254

23–1　名詞修飾

23–2　関係詞、ただし「what」と「関係詞 -ever」と「先行詞が省略された関係副詞」は除く

23–3　主語・動詞の目的語・前置詞の目的語・補語

23–4　that / 省略

23–5　名詞修飾

23–6　が

23–7　関係代名詞とそれに付く前置詞

23–8　制限用法で、形容詞節の先頭にあり、内側で動詞の目的語か前置詞の目的語になっている場合

23–9　「動詞の目的語」か「前置詞の目的語」が足りない不完全な文

□□□□□□□□□□□□□□□□□□□

▶［黄リー教］p. 275

24–1　when・where・why・how・that

24–2　「動詞の目的語」か「前置詞の目的語」が足りない不完全

24–3　完全

24–4　疑問副詞 / 関係副詞 / 従属接続詞

24–5　S が V する

24–6　S が V するときに

24–7　when S＋V が名詞節のときは（　　　）または（　　　）と訳す。

24–8　where の品詞は（　　　）と（　　　）と（　　　）である。

24–9　where S＋V が形容詞節のときは（　　　）と訳す。

24–10　where S＋V が副詞節のときは（　　　）と訳す。

24–11　where S＋V が名詞節のときは（　　　）または（　　　）と訳す。

24–12　how S＋V は（　　　）節のときは（　　　）または（　　　）または（　　　）と訳し、（　　　）節のときは（　　　）と訳す。

24–13　「先行詞が省略された関係副詞」は（　　　）節を作る。

24–14　関係形容詞の 3 種類を言いなさい。

24–15　関係形容詞の which は（　　　）を先行詞にする。

24–16　関係形容詞の which は（　　　）を関係詞にしたものである。

24–17　関係形容詞の which は必ず（　　　）用法で使う。

24–18　名詞の what の品詞は（　　　）と（　　　）である。

24–19　形容詞の what の働きは必ず（　　　）である。

24–20　形容詞の what の品詞は（　　　）と（　　　）と（　　　）である。

24–21　関係形容詞の what は（　　　）節を作る。

24–22　関係形容詞の what は（　　　）と訳す。

24–23　「2 つの S＋V のルール」とは？

24–24　「2 つの S＋V のルール」の例外は？

24–25　自分の読み方が「2 つの S＋V のルール」に違反したときは（　　　）または（　　　）と考える。

質問 25　ing 形の枠組み（再再確認）

25–1　ing の可能性は？

25–2　ing を大きく 2 つに分けると何と何か？

25–3　裸の ing の可能性は？

25–4　着物を着ている ing の可能性は？

25–5　現在分詞の可能性は？

25–6　裸の現在分詞の可能性は？

25–7　着物を着ている現在分詞の可能性は？

25–8　動名詞で文を作る方法は？

▶［黄リー教］p. 281

25–9 着物を着ている動名詞の可能性は？

25–10 ing 形の動詞が着る着物は？

25–11 裸の ing で文を作る方法は？

25–12 ing 形の動詞を述語動詞にする方法は？

25–13 ing 形の動詞で文を作る方法は？

質問 26　to 不定詞の枠組み

26–1 原形動詞を使うところは？

26–2 「to 原形動詞」の可能性は？

26–3 不定詞名詞用法の「前の働き」は？

26–4 不定詞形容詞用法の「前の働き」は？

26–5 不定詞副詞用法の「前の働き」は？

26–6 受身不定詞の形は？

26–7 完了不定詞の形は？

26–8 進行形不定詞の形は？

26–9 完了受身不定詞の形は？

質問 27　現在分詞形容詞用法 / 不定詞形容詞用法

27–1 being p.p. が名詞を修飾するときは、位置は（　　　）で、意味は（　　　）である。

27–2 ③ -ing が、目的語を付けずに、現在分詞形容詞用法として使われたときは（　　　）という意味を表す。

27–3 V-ing が前から名詞を修飾するとき、動詞型は（　　　）である。

27–4 ① -ing が前から名詞を修飾するとき、意味は（　　　）と（　　　）である。

27–5 ③ -ing が前から名詞を修飾するとき、意味は（　　　）である。

27–6 V-ing が後ろから名詞を修飾するとき、動詞型は（　　　）である。

27–7 V-ing が後ろから名詞を修飾するとき、意味は（　　　）と（　　　）である。

27–8 V-ing が後ろから名詞を修飾するとき、名詞は必ず V-ing の（　　　）である。

27–9 現在分詞形容詞用法が補語になるとき、意味は（　　　）である。

27–10 現在分詞形容詞用法が補語になるとき、動詞型は（　　　）である。

25–9　ない

25–10　be 助動詞

25–11　ない

25–12　進行形にする

25–13　進行形にする

□□□□□□□□□□□□□□□□□　▶ ［黄リー教］ p. 291

26–1　to の後 / do 助動詞・一般助動詞の後 / 命令文 / make・have・let などの補語 / 仮定法現在

26–2　助動詞の一部＋述語動詞・不定詞名詞用法・不定詞形容詞用法・不定詞副詞用法

26–3　主語・動詞の目的語・補語・同格（不定詞名詞用法は「前置詞の目的語」にならない）

26–4　名詞修飾・補語

26–5　動詞修飾・形容詞修飾・他の副詞修飾・文修飾

26–6　to be p.p.

26–7　to have p.p.

26–8　to be -ing

26–9　to have been p.p.

□□□□□□□□□□□□□□□□□　▶ ［黄リー教］ p. 302

27–1　名詞の後ろ / ～されつつある

27–2　O′ を③するような性質を持っている

27–3　①・③

27–4　①している / ①する（「進行中 / 分類的特徴」も可）

27–5　O′ を③するような性質を持っている

27–6　①・②・③・④・⑤・－③・－④・－⑤

27–7　～している / ～する

27–8　意味上の主語

27–9　～している

27–10　①・②・③・④・⑤・－③・－④・－⑤

27–11 「完全な不定詞」が名詞を修飾するときは「名詞が（　　）」タイプと「名詞が（　　）」タイプの 2 つのタイプがある。

27–12 「目的語が足りない不完全な不定詞」が名詞を修飾するときは、名詞が（　　）になる。

27–13 補語に原形不定詞を置く⑤の動詞を 8 つ挙げなさい。

27–14 「have 人 原形」は（　　）と訳す。

27–15 「have 物・事 原形」は（　　）と（　　）という意味を表す。

27–16 「let O 原形」は（　　）と（　　）と（　　）という意味を表す。

27–17 「Let us 原形」は（　　）と（　　）という意味を表す。

27–18 「Let's 原形」は（　　）という意味を表す。

27–19 習性の will は（　　）と訳す。

質問 28　従属節の枠組み

28–1　従属節とは何か？

28–2　従属節の 3 種類を言いなさい。

28–3　文とは何か？

28–4　英文とは何か？

28–5　従属節を含んだ英文は何と呼ばれるか？

28–6　大黒柱とは何か？

28–7　従属節の「外側」とは何か？

28–8　従属節の「内側」とは何か？

28–9　内外断絶の原則とは？

28–10　副詞節を作る語は？

28–11　形容詞節を作る語は？

28–12　従属接続詞は何節を作るか？

28–13　従属接続詞の that は何節を作るか？

28–14　従属接続詞の「内側の働き」は？

28–15　従属接続詞の後ろにはどのような文が続くか？

28–16　関係代名詞の「内側の働き」は？

質問 29　He was speaking the truth was obvious.

29–1　that を 1 つどこかに入れて、正しい英文にしなさい。

□□□□□□□□□□□□□□□□□ ▶［黄リー教］p. 319

□□□□□□□□□□□□□□□□ ▶［黄リー教］p. 327

質問 30　名詞節

30–1　名詞節の働きは？

30–2　名詞節を作る語は？

30–3　疑問詞の 3 種類は？

30–4　感嘆詞の 2 種類は？

30–5　関係詞 -ever の 3 種類は？

30–6　疑問文を名詞節にしたものを（　　）と言う。

30–7　Yes, No 疑問文を名詞節にすると（　　）になる。

30–8　疑問詞が作る疑問文はどうすれば名詞節になるか？

30–9　感嘆文を名詞節にしたものを（　　）と言う。

30–10　間接感嘆文の場合、感嘆詞は（　　）または（　　）と訳す。

30–11　関係詞の what の品詞は？

30–12　関係詞の what は何節を作るか？

30–13　関係詞の what が作る名詞節は必ず（　　）から始まる。

30–14　疑問詞の what が作る名詞節は（　　）から始まることがある。

30–15　従属接続詞の that を省略できるのは？

30–16　that 節が「前置詞の目的語」になるときは（　　）は省略しなければいけない。

30–17　関係詞 -ever の品詞は？

30–18　関係詞 -ever は何節を作るか？

30–19　複合関係代名詞と複合関係形容詞は（　　）を作る。

30–20　複合関係副詞は（　　）を作る。

30–21　「2 つの V のルール」とは？

30–22　「2 つの V のルール」の例外は？

30–23　自分の読み方が「2 つの V のルール」に違反したときは（　　）または（　　）と考える。

30–24　I wish S + 過去形 V. は（　　）と訳す。

30–25　I wished S + 過去形 V. は（　　）と訳す。

30–26　I wish S + had p.p. は（　　）と訳す。

30–27　I wished S + had p.p. は（　　）と訳す。

質問 31　ing 形の枠組み（再再再確認）

31–1　ing の可能性は？

31–2　ing を大きく 2 つに分けると何と何か？

31–3　裸の ing の可能性は？

31–4　着物を着ている ing の可能性は？

31–5　現在分詞の可能性は？

31–6　裸の現在分詞の可能性は？

31–7　現在分詞が着る着物は何か？

31–8　着物を着ている現在分詞の可能性は？

31–9　動名詞で文を作る方法は？

31–10　現在分詞で文を作る方法は？

31–11　着物を着ている動名詞の可能性は？

31–12　ing 形の動詞が着る着物は何か？

31–13　裸の ing で文を作る方法は？

31–14　ing 形の動詞を述語動詞にする方法は？

31–15　ing 形の動詞で文を作る方法は？

31–16　動名詞が着る着物は何か？

質問 32　**I was not aware of the man being so rich.**

32–1　複文に書き換えなさい。

質問 33　**I insisted on this being done at once.**

33–1　複文に書き換えなさい。

質問 34　**to 不定詞の枠組み（再確認）**

34–1　原形動詞を使うところは？

34–2　「to 原形動詞」の可能性は？

34–3　不定詞名詞用法の「前の働き」は？

34–4 不定詞形容詞用法の「前の働き」は？

34–5 不定詞副詞用法の「前の働き」は？

34–6 受身不定詞の形は？

34–7 完了不定詞の形は？

34–8 進行形不定詞の形は？

34–9 完了受身不定詞の形は？

質問 35　2 つの S + V のルール

35–1 「2 つの S + V のルール」とは？

35–2 「2 つの S + V のルール」の例外は？

35–3 自分の読み方が「2 つの S + V のルール」に違反したときは（　　）または（　　）と考える。

質問 36　I didn't get that scholarship but I wanted to study chemistry in college.

36–1 but を削除するとどのように読み方が変わるか？

質問 37　動名詞 / 不定詞名詞用法

37–1 「動名詞を目的語にして、不定詞を目的語にしない③の動詞」を 8 つ挙げなさい。

37–2 受身動名詞の形は？

37–3 完了動名詞の形は？

37–4 完了受身動名詞の否定形は？

37–5 動名詞に「意味上の主語」を付けるときは（　　）を直前に置く。

37–6 動名詞を修飾するときは（　　）で修飾する。

37–7 不定詞名詞用法の「前の働き」は？

37–8 不定詞名詞用法は（　　）にはなれない。

37–9 名詞の働きをする準動詞は（　　）と（　　）の 2 つだけである。

37–10 準動詞を「前置詞の目的語」にするときは（　　）を使う。

37–11 ④の do は（　　）という意味を表す。

34–4　名詞修飾・補語

34–5　動詞修飾・形容詞修飾・他の副詞修飾・文修飾

34–6　to be p.p.

34–7　to have p.p.

34–8　to be –ing

34–9　to have been p.p.

□□□□□□□□□□□□□□□□　▶［黄リー教］p. 377

35–1　2つのS＋Vを対等につなぐには、原則として間に、等位接続詞・コロン・セミコロン・ダッシュのいずれかが必要である

35–2　2つのS＋Vが「言い換え」や「同性質の内容の列挙」になっている場合は、コンマだけで対等につながれることがある

35–3　どちらかはS＋Vではないのではないか？／どちらもS＋Vだとしたら、対等ではないのではないか？

□□□□□□□□□□□□□□　▶［黄リー教］p. 377

36–1　「私はその奨学金を得られなかった。しかし、大学で化学を勉強したかった」が「私は、大学で化学を勉強するためにほしい奨学金を得られなかった」に変わる。

□□□□□□□□□□□□□□□□　▶［黄リー教］p. 379

37–1　mind・escape・give up・avoid・finish・enjoy・practice・stop

37–2　being p.p.

37–3　having p.p.

37–4　not having been p.p.

37–5　所有格または目的格の名詞・代名詞

37–6　副詞

37–7　主語・動詞の目的語・補語・同格

37–8　前置詞の目的語

37–9　動名詞／不定詞名詞用法

37–10　動名詞

37–11　与える

66

41-2 「裸の p.p.」の番号が（　　　）になることは絶対にない。

41-3 「裸の p.p.」で使える①の動詞は（　　　）か、それ以外では（　　　）などに限られる。

41-4 「裸の p.p.」で使える②の動詞は（　　　）に限られ、意味は（　　　）である。

41-5 自動詞の「裸の p.p.」は（　　　）の意味、他動詞の「裸の p.p.」は（　　　）の意味を表す。

41-6 進行形と受身においては、be 助動詞を削除して動詞を裸にしても（　　　）は変わらない。

41-7 「前から名詞を修飾する過去分詞形容詞用法」の番号は（　　　）である。

41-8 「後ろから名詞を修飾する過去分詞形容詞用法」「補語になる過去分詞形容詞用法」「過去分詞の分詞構文」の番号は（　　　）である。

41-9 「have 名詞 p.p.」は（　　　）と訳す。

41-10 「have 人 原形」は（　　　）と訳す。

41-11 「have 物・事 原形」は（　　　）と（　　　）という意味を表す。

41-12 being p.p. という分詞構文は（　　　）を表す。

41-13 分詞構文が表す意味は（　　　）である。

41-14 品詞と働きに関する４つの基本ルールとは？

41-15 活用に関する４つの基本ルールとは？

41–2　③・④・⑤

41–3　往来発着動詞 / happened・fallen・retired・returned・gathered

41–4　become・turned・gone /〜になってしまった

41–5　完了 / 受身

41–6　番号（動詞型も可）

41–7　①・−③

41–8　①・②・−③・−④・−⑤

41–9　名詞を p.p. される・させる・してもらう・してしまう

41–10　人に原形される・させる・してもらう

41–11　S に対して物・事が勝手に原形する / 物・事が原形する状態を S が積極的に生み出す

41–12　受身の動作

41–13　時・理由・条件・譲歩・付帯状況・言い換え

41–14　「名詞の働き」「形容詞の働き」「副詞の働き」「動詞の働き」

41–15　「原形動詞を使うところ」「現在形・過去形は絶対に述語動詞」「p.p. の可能性」「ing の可能性」

Chapter 6

問題英文の Q&A

1–1　speak English very fluently

1–1–1　音読して、和訳しなさい。

1–1–2　very の品詞は？

1–1–3　fluently の品詞は？

1–1–4　副詞の働きは？

1–1–5　very の働きは？

1–1–6　fluently の働きは？

1–1–7　speak の品詞は？

1–1–8　English の品詞は？

1–2　speak very fluent English

1–2–1　音読して、和訳しなさい。

1–2–2　fluent の品詞は？

1–2–3　fluent の働きは？

1–2–4　形容詞の働きは？

1–2–5　English の品詞は？

1–2–6　speak の品詞は？

1–2–7　very の品詞は？

1–3　eat so much sweet fruit

1–3–1　音読して、和訳しなさい。

1–3–2　eat の品詞は？

1–3–3　fruit の品詞は？

□□□□□□□□□□□□□□□□□ ▶［黄リー教］p. 7

1–1–1　英語を非常になめらかに話す

1–1–2　副詞

1–1–3　副詞

1–1–4　動詞修飾・形容詞修飾・他の副詞修飾・文修飾

1–1–5　他の副詞修飾

1–1–6　動詞修飾

1–1–7　動詞

1–1–8　名詞

□□□□□□□□□□□□□□□□ ▶［黄リー教］p. 7

1–2–1　非常になめらかな英語を話す

1–2–2　形容詞

1–2–3　名詞修飾

1–2–4　名詞修飾・補語

1–2–5　名詞

1–2–6　動詞

1–2–7　副詞

□□□□□□□□□□□□□□□□□ ▶［黄リー教］p. 7

1–3–1　非常にたくさんの甘い果物を食べる

1–3–2　動詞

1–3–3　名詞

eat so much sweet fruit

 1–3–4 sweet の品詞は？

 1–3–5 形容詞の働きは？

 1–3–6 sweet の働きは？

 1–3–7 much の品詞は？

 1–3–8 much の働きは？

1–4 overly friendly

 1–4–1 音読して、和訳しなさい。

 1–4–2 overly の品詞は？

 1–4–3 friendly の品詞は？

 1–4–4 副詞の働きは？

 1–4–5 overly の働きは？

1–5 almost completely correct

 1–5–1 音読して、和訳しなさい。

 1–5–2 completely の品詞は？

 1–5–3 副詞の働きは？

 1–5–4 completely はその中のどれか？

 1–5–5 correct の品詞は？

 1–5–6 形容詞の働きは？

 1–5–7 almost の働きは？

 1–5–8 almost の品詞は？

2–1 soon began a different job

 2–1–1 音読して、和訳しなさい。

 2–1–2 動詞を指摘しなさい。

 2–1–3 began は何形か？

 2–1–4 なぜそう言えるのか？

 2–1–5 began の活用を言いなさい。

 2–1–6 a の品詞は？

 2–1–7 job の品詞は？

 2–1–8 soon の品詞は？

 2–1–9 副詞の働きは？

soon began a different job

　2–1–10　soon の働きは？

　2–1–11　different の品詞は？

　2–1–12　形容詞の働きは？

　2–1–13　different の働きは？

　2–1–14　began を過去分詞形に変えなさい。

　2–1–15　冠詞には 2 種類ある。何と何か？

2–2　start an accessory shop

　2–2–1　音読して、和訳しなさい。

　2–2–2　動詞を指摘しなさい。

　2–2–3　一般的に start は何形の可能性があるか？

　2–2–4　start の活用を言いなさい。

　2–2–5　an の品詞は？

　2–2–6　an の働きは？

　2–2–7　どの名詞か？

　2–2–8　accessory の品詞は？

2–3　sang the same song repeatedly

　2–3–1　音読して、和訳しなさい。

　2–3–2　動詞を指摘しなさい

　2–3–3　sang は何形か？

　2–3–4　なぜそう言えるのか？

　2–3–5　sang の活用を言いなさい。

　2–3–6　song の品詞は？

　2–3–7　repeatedly の働きは？

　2–3–8　repeatedly の品詞は？

　2–3–9　the の品詞は？

　2–3–10　same の品詞は？

　2–3–11　形容詞の働きは？

　2–3–12　same はその中のどれか？

2–4　bought an egg spoon today

　2–4–1　音読して、和訳しなさい。

2–1–10 動詞修飾

2–1–11 形容詞

2–1–12 名詞修飾・補語

2–1–13 名詞修飾

2–1–14 begun

2–1–15 不定冠詞と定冠詞

□□□□□□□□□□□□□□□□ ▶［黄リー教］p. 18

2–2–1 装身具店を始める

2–2–2 start

2–2–3 原形と現在形

2–2–4 start – started – started

2–2–5 不定冠詞

2–2–6 名詞修飾

2–2–7 accessory shop

2–2–8 名詞

□□□□□□□□□□□□□□□□ ▶［黄リー教］p. 18

2–3–1 同じ歌を繰り返し歌った

2–3–2 sang

2–3–3 過去形

2–3–4 不規則活用で sang は過去形しかないから

2–3–5 sing – sang – sung

2–3–6 名詞

2–3–7 動詞修飾

2–3–8 副詞

2–3–9 定冠詞

2–3–10 形容詞

2–3–11 名詞修飾・補語

2–3–12 名詞修飾

□□□□□□□□□□□□□□□□□ ▶［黄リー教］p. 19

2–4–1 今日エッグスプーンを買った

bought an egg spoon today

2-4-2 動詞を指摘しなさい

2-4-3 一般的に bought は何形の可能性があるか？

2-4-4 bought の活用を言いなさい。

2-4-5 an の働きは？

2-4-6 どの名詞か？

2-4-7 today の品詞は？

2-4-8 today の働きは？

2-4-9 egg の品詞は？

3-1 The team quickly accepted the new member.

3-1-1 音読して、和訳しなさい。

3-1-2 述語動詞は？

3-1-3 一般的に accepted は何形の可能性があるか？

3-1-4 この accepted は何形か？

3-1-5 accepted の活用を言いなさい。

3-1-6 accepted の主語は？

3-1-7 quickly の品詞は？

3-1-8 副詞の働きは？

3-1-9 quickly はその中のどれか？

3-1-10 team の品詞は？

3-1-11 team の働きは？

3-1-12 new の品詞は？

3-1-13 new の働きは？

3-1-14 形容詞の働きは？

3-2 My mother fell ill.

3-2-1 音読して、和訳しなさい。

3-2-2 文とは何か？

3-2-3 My mother fell ill. は文か、文でないか？

3-2-4 なぜ文と言えるのか？

3-2-5 述語動詞は？

3-2-6 なぜ述語動詞と言えるのか？

3-2-7 なぜ過去形と言えるのか？

2–4–2　bought

2–4–3　過去形と過去分詞形

2–4–4　buy – bought – bought

2–4–5　名詞修飾

2–4–6　egg spoon

2–4–7　副詞

2–4–8　動詞修飾

2–4–9　名詞

□□□□□□□□□□□□□□□□□　　　　　　　　▶ ［黄リー教］p. 26

3–1–1　チームはすぐにその新しいメンバーを受け入れた。

3–1–2　accepted

3–1–3　過去形と過去分詞形

3–1–4　過去形

3–1–5　accept – accepted – accepted

3–1–6　team

3–1–7　副詞

3–1–8　動詞修飾・形容詞修飾・他の副詞修飾・文修飾

3–1–9　動詞修飾

3–1–10　名詞

3–1–11　主語

3–1–12　形容詞

3–1–13　名詞修飾

3–1–14　名詞修飾・補語

□□□□□□□□□□□□□□□□□　　　　　　　　▶ ［黄リー教］p. 26

3–2–1　私の母は病気になった。

3–2–2　構造上の主語＋述語動詞

3–2–3　文である

3–2–4　述語動詞があるから

3–2–5　fell

3–2–6　過去形だから

3–2–7　不規則活用で fell は過去形しかないから

77

My mother fell ill.

3–2–8 fell の活用を言いなさい。

3–2–9 fell の主語は？

3–2–10 ill の品詞は？

3–2–11 形容詞の働きは？

3–2–12 ill の働きは？

3–2–13 My の品詞は？

3–2–14 My の呼び名は？

3–2–15 My の働きは？

3–2–16 ill はなぜ補語と言えるのか？

3–3 Your book is not here.

3–3–1 音読して、和訳しなさい。

3–3–2 文とは何か？

3–3–3 Your book is not here. は文か、文でないか？

3–3–4 なぜ文と言えるのか？

3–3–5 述語動詞は？

3–3–6 なぜ述語動詞と言えるのか？

3–3–7 なぜ現在形と言えるのか？

3–3–8 is の活用を全部言いなさい。

3–3–9 Your の品詞と働きは？

3–3–10 Your の呼び名は？

3–3–11 here の品詞と働きは？

3–3–12 副詞の働きは？

3–3–13 not の品詞と働きは？

3–3–14 is だけ和訳しなさい。

3–3–15 book の働きは？

3–4 She gave me a warm welcome.

3–4–1 音読して、和訳しなさい。

3–4–2 文とは何か？

3–4–3 She gave me a warm welcome. は文か、文でないか？

3–4–4 なぜ文と言えるのか？

3–2–8 fall – fell – fallen

3–2–9 mother

3–2–10 形容詞

3–2–11 名詞修飾・補語

3–2–12 補語

3–2–13 形容詞

3–2–14 所有格

3–2–15 名詞修飾

3–2–16 動詞の助けを借りて、間接的に名詞を説明しているから

□□□□□□□□□□□□□□□□□□　　　　　▶［黄リー教］p. 26

3–3–1 あなたの本はここにない。

3–3–2 構造上の主語＋述語動詞

3–3–3 文である

3–3–4 述語動詞があるから

3–3–5 is

3–3–6 現在形だから

3–3–7 不規則活用で is は現在形しかないから

3–3–8 原形 be / 現在形 am・is・are / 過去形 was・were / 過去分詞形 been / ing 形 being

3–3–9 形容詞で名詞修飾

3–3–10 所有格

3–3–11 副詞で動詞修飾

3–3–12 動詞修飾・形容詞修飾・他の副詞修飾・文修飾

3–3–13 副詞で動詞修飾

3–3–14 ある

3–3–15 主語

□□□□□□□□□□□□□□□□□□　　　　　▶［黄リー教］p. 26

3–4–1 彼女は私を暖かく歓迎してくれた。

3–4–2 構造上の主語＋述語動詞

3–4–3 文である

3–4–4 述語動詞があるから

She gave me a warm welcome.

3-4-5　述語動詞は？

3-4-6　なぜ述語動詞と言えるのか？

3-4-7　なぜ過去形と言えるのか？

3-4-8　gave の活用を言いなさい。

3-4-9　gave の主語は？

3-4-10　She の品詞は？

3-4-11　warm の品詞は？

3-4-12　形容詞の働きは？

3-4-13　warm の働きは？

3-4-14　welcome の品詞は？

3-4-15　me の品詞は？

3-5　There followed a long silence.

3-5-1　音読して、和訳しなさい。

3-5-2　述語動詞は？

3-5-3　一般的に followed は何形の可能性があるか？

3-5-4　この followed は何形か？

3-5-5　followed の活用を言いなさい。

3-5-6　followed の主語は？

3-5-7　There の品詞は？

3-5-8　誘導副詞の働きは？

3-5-9　long の品詞と働きは？

3-5-10　silence の品詞は？

3-5-11　silence を形容詞に変えなさい。

3-5-12　silence を副詞に変えなさい。

4-1　A baby's cheek feels soft.

4-1-1　音読して、和訳しなさい。

4-1-2　A baby's cheek feels soft. は文か、文でないか？

4-1-3　なぜ文と言えるのか？

4-1-4　述語動詞は？

4-1-5　なぜ述語動詞と言えるのか？

4-1-6　なぜ現在形と言えるのか？

3–4–5 gave

3–4–6 過去形だから

3–4–7 不規則活用で gave は過去形しかないから

3–4–8 give – gave – given

3–4–9 She

3–4–10 名詞（代名詞も可）

3–4–11 形容詞

3–4–12 名詞修飾・補語

3–4–13 名詞修飾

3–4–14 名詞

3–4–15 名詞（代名詞も可）

□□□□□□□□□□□□□□□□ ▶［黄リー教］p. 27

3–5–1 長い沈黙があとに続いた。

3–5–2 followed

3–5–3 過去形と過去分詞形

3–5–4 過去形

3–5–5 follow – followed – followed

3–5–6 silence

3–5–7 誘導副詞

3–5–8 述語動詞を主語の前に引き出す

3–5–9 形容詞で名詞修飾

3–5–10 名詞

3–5–11 silent

3–5–12 silently

□□□□□□□□□□□□□□□□ ▶［黄リー教］p. 43

4–1–1 赤ちゃんの頬は柔らかに感じる。

4–1–2 文である

4–1–3 述語動詞があるから

4–1–4 feels

4–1–5 現在形だから

4–1–6 三単現の s が付いているから

A baby's cheek feels soft.

> 4–1–7 feels の活用を言いなさい。
>
> 4–1–8 feels の主語は？
>
> 4–1–9 soft の品詞は？
>
> 4–1–10 形容詞の働きは？
>
> 4–1–11 soft はそのうちのどれか？
>
> 4–1–12 なぜ補語なのか？
>
> 4–1–13 baby's の 's は何か？
>
> 4–1–14 baby's の働きは？

4–2　My mother read me fairy tales.

> 4–2–1 音読して、和訳しなさい。
>
> 4–2–2 一般的に read は何形の可能性があるか？
>
> 4–2–3 この read は何形か？
>
> 4–2–4 なぜ read は現在形ではないとわかるのか？
>
> 4–2–5 read の活用を言いなさい。
>
> 4–2–6 fairy tales の品詞は？
>
> 4–2–7 tales の s は何か？
>
> 4–2–8 My の品詞と働きは？
>
> 4–2–9 My の呼び名は？
>
> 4–2–10 me を主格に変えなさい。

4–3　Ken's sister always keeps her shoes clean.

> 4–3–1 音読して、和訳しなさい。
>
> 4–3–2 述語動詞は？
>
> 4–3–3 なぜ述語動詞と言えるのか？
>
> 4–3–4 なぜ現在形と言えるのか？
>
> 4–3–5 her の品詞と働きは？
>
> 4–3–6 her の呼び名は？
>
> 4–3–7 her を目的格に変えなさい。
>
> 4–3–8 her を主格に変えなさい。
>
> 4–3–9 clean の品詞は？
>
> 4–3–10 clean の働きは？
>
> 4–3–11 なぜ補語なのか？

4–1–7 feel – felt – felt

4–1–8 cheek

4–1–9 形容詞

4–1–10 名詞修飾・補語

4–1–11 補語

4–1–12 動詞の助けを借りて、間接的に名詞を説明しているから

4–1–13 所有格の 's

4–1–14 名詞修飾

□□□□□□□□□□□□□□□ ▶［黄リー教］p. 43

4–2–1 母は私におとぎ話を読んでくれた。

4–2–2 原形・現在形・過去形・過去分詞形

4–2–3 過去形

4–2–4 三単現の s が付いていないから

4–2–5 read – read – read

4–2–6 名詞

4–2–7 複数形の s

4–2–8 形容詞で名詞修飾

4–2–9 所有格

4–2–10 I

□□□□□□□□□□□□□□□ ▶［黄リー教］p. 43

4–3–1 ケンの妹はいつも靴をきれいにしている。

4–3–2 keeps

4–3–3 現在形だから

4–3–4 三単現の s が付いているから

4–3–5 形容詞で名詞修飾

4–3–6 所有格

4–3–7 her

4–3–8 she

4–3–9 形容詞

4–3–10 補語

4–3–11 動詞の助けを借りて、間接的に名詞を説明しているから

Ken's sister always keeps her shoes clean.

4–3–12 　Ken's の品詞と働きは？

4–3–13 　Ken's の呼び名は？

4–3–14 　always の品詞は？

4–3–15 　副詞の働きは？

4–3–16 　always の働きは？

4–3–17 　always の s は何か？

4–3–18 　shoes の s は何か？

4–4　It isn't your car — it's hers.

4–4–1 　音読して、和訳しなさい。

4–4–2 　述語動詞は？

4–4–3 　isn't は何の短縮形か？

4–4–4 　この it は主格・目的格・所有格のどれか？

4–4–5 　it を目的格に変えなさい。

4–4–6 　it を所有格に変えなさい。

4–4–7 　your の品詞と働きは？

4–4–8 　your の呼び名は？

4–4–9 　your を主格に変えなさい。

4–4–10 　your を目的格に変えなさい。

4–4–11 　hers の品詞は？

4–4–12 　より精密に品詞を言いなさい。

4–4–13 　hers を直訳しなさい。

4–4–14 　一般的に it's は何の短縮形か？

4–5　Our ways weren't David's.

4–5–1 　音読して、和訳しなさい。

4–5–2 　述語動詞は？

4–5–3 　なぜ述語動詞と言えるのか？

4–5–4 　なぜ過去形と言えるのか？

4–5–5 　were の活用を全部言いなさい。

4–5–6 　our の品詞と働きは？

4–5–7 　our の呼び名は？

4–3–12　形容詞で名詞修飾

4–3–13　所有格

4–3–14　副詞

4–3–15　動詞修飾・形容詞修飾・他の副詞修飾・文修飾

4–3–16　動詞修飾

4–3–17　副詞的属格の s

4–3–18　複数形の s

□□□□□□□□□□□□□□□□　▶［黄リー教］p. 43

4–4–1　それは君の車ではない。彼女のだ。

4–4–2　is と is

4–4–3　is not

4–4–4　主格

4–4–5　it

4–4–6　its

4–4–7　形容詞で名詞修飾

4–4–8　所有格

4–4–9　you

4–4–10　you

4–4–11　名詞

4–4–12　所有代名詞

4–4–13　彼女のもの

4–4–14　it is または it has

□□□□□□□□□□□□□□□□□□　▶［黄リー教］p. 44

4–5–1　私たちのやり方はデヴィッドのとは違った。

4–5–2　were

4–5–3　過去形だから

4–5–4　不規則活用で were は過去形しかないから

4–5–5　原形 be / 現在形 am・is・are / 過去形 was・were / 過去分詞形 been / ing 形 being

4–5–6　形容詞で名詞修飾

4–5–7　所有格

Our ways weren't David's.

4–5–8　our を主格に変えなさい。

4–5–9　our を目的格に変えなさい。

4–5–10　ways の s は何か？

4–5–11　David's の品詞は？

4–5–12　David's の呼び名は？

4–5–13　David's を直訳しなさい。

4–5–14　David's を 2 語で言い換えなさい。

4–5–15　weren't は何の短縮形か？

4–6　Nowadays my daughters always play indoors.

4–6–1　音読して、和訳しなさい。

4–6–2　一般的に play は何形の可能性があるか？

4–6–3　この play は何形か？

4–6–4　Nowadays の s は何か？

4–6–5　daughters の s は何か？

4–6–6　always の s は何か？

4–6–7　indoors の s は何か？

4–6–8　indoors の品詞は？

4–6–9　indoors の働きは？

4–6–10　my の呼び名は？

4–6–11　my を目的格に変えなさい。

4–6–12　daughters の働きは？

5–1　You refused me permission without reason.

5–1–1　音読して、和訳しなさい。

5–1–2　述語動詞は？

5–1–3　名詞の基本的働きは？

5–1–4　permission の働きは？

5–1–5　より精密に言うと？

5–1–6　reason の働きは？

5–1–7　without reason の品詞は？

5–1–8　副詞句の働きは？

5–1–9　without reason の働きは？

4–5–8　we

4–5–9　us

4–5–10　複数形の s

4–5–11　名詞

4–5–12　独立所有格

4–5–13　デヴィッドのもの

4–5–14　David's way

4–5–15　were not

□□□□□□□□□□□□□□□□□　　　　　　　▶［黄リー教］p. 44

4–6–1　最近私の娘たちはいつも室内で遊ぶ。

4–6–2　原形と現在形

4–6–3　現在形

4–6–4　副詞的属格の s

4–6–5　複数形の s

4–6–6　副詞的属格の s

4–6–7　副詞的属格の s

4–6–8　副詞

4–6–9　動詞修飾

4–6–10　所有格

4–6–11　me

4–6–12　主語

□□□□□□□□□□□□□□□□□□　　　　　　▶［黄リー教］p. 67

5–1–1　あなたは私に理由もなく許可をくれなかった。

5–1–2　refused

5–1–3　主語・動詞の目的語・前置詞の目的語・補語

5–1–4　動詞の目的語

5–1–5　直接目的語

5–1–6　前置詞の目的語

5–1–7　副詞句

5–1–8　動詞修飾・形容詞修飾・他の副詞修飾・文修飾

5–1–9　動詞修飾

You refused me permission without reason.

5–1–10 refused は何形か？

5–1–11 refused は何番か？

5–1–12 me の働きは？

5–1–13 より精密に言うと？

5–1–14 me を所有代名詞に変えなさい。

5–1–15 permission はなぜ動詞の目的語と言えるのか？

5–1–16 me はなぜ動詞の目的語と言えるのか？

5–1–17 ④の基本的意味は？

5–1–18 refused の基本的意味は？

5–1–19 refused の表面的意味は？

5–1–20 without の品詞は？

5–1–21 me を所有格に変えなさい。

5–1–22 you を所有格に変えなさい。

5–1–23 間接目的語に付く助詞は？

5–1–24 直接目的語に付く助詞は？

5–2 Madonna made this song a great hit.

5–2–1 音読して、和訳しなさい。

5–2–2 述語動詞は？

5–2–3 made は何形か？

5–2–4 made の活用を言いなさい。

5–2–5 made は何番か？

5–2–6 動詞の働きをすべて言いなさい。

5–2–7 hit の働きは？

5–2–8 song の働きは？

5–2–9 great の品詞と働きは？

5–2–10 song はなぜ動詞の目的語と言えるのか？

5–2–11 hit はなぜ補語と言えるのか？

5–2–12 ⑤の基本的意味は？

5–2–13 made の基本的意味は？

5–2–14 構造上の主語・述語関係はどこにあるか？

5–1–10 過去形

5–1–11 ④

5–1–12 動詞の目的語

5–1–13 間接目的語

5–1–14 mine

5–1–15 前置詞が付いていなくて、動詞の目的語である me とイコールでないから

5–1–16 前置詞が付いていなくて、主語である You とイコールでないから

5–1–17 与える・与えない・取り去る

5–1–18 与えなかった

5–1–19 拒絶した

5–1–20 前置詞

5–1–21 my

5–1–22 your

5–1–23 「に」または「から」

5–1–24 を

▶［黄リー教］p. 67

□□□□□□□□□□□□□□□□□

5–2–1 マドンナはこの歌を大ヒットさせた。

5–2–2 made

5–2–3 過去形

5–2–4 make – made – made

5–2–5 ⑤

5–2–6 ①・②・③・④・⑤・－③・－④・－⑤

5–2–7 補語

5–2–8 動詞の目的語

5–2–9 形容詞で名詞修飾

5–2–10 前置詞が付いていなくて、主語である Madonna とイコールでないから

5–2–11 前置詞が付いていなくて、動詞の目的語である this song とイコールだから

5–2–12 認識する・生み出す

5–2–13 生み出した

5–2–14 Madonna と made の間

Madonna made this song a great hit.

5–2–15　構造上の主語・述語関係を日本語で言いなさい。

5–2–16　意味上の主語・述語関係はどこにあるか？

5–2–17　意味上の主語・述語関係を日本語で言いなさい。

5–2–18　「⑤の基本的意味」と「OとCの間の意味上の主語・述語関係」のレベルで直訳しなさい。

5–3 Betty feels most at home with cats.

5–3–1　音読して、和訳しなさい。

5–3–2　述語動詞は？

5–3–3　home の品詞は？

5–3–4　名詞の基本的働きは？

5–3–5　home の働きは？

5–3–6　at home の品詞は？

5–3–7　形容詞句の働きは？

5–3–8　at home の働きは？

5–3–9　feels はなぜ述語動詞と言えるのか？

5–3–10　feels はなぜ現在形と言えるのか？

5–3–11　feels は何番か？

5–3–12　feels だけ直訳しなさい。

5–3–13　with cats の品詞は？

5–3–14　副詞句の働きは？

5–3–15　with cats の働きは？

5–3–16　most の品詞は？

5–3–17　most の働きは？

5–3–18　cats の働きは？

5–3–19　at の品詞は？

5–4 I wish you a merry Christmas.

5–4–1　音読して、和訳しなさい。

5–4–2　述語動詞は？

5–4–3　Christmas の働きは？

5–4–4　より精密に言うと？

5–4–5　wish は何形か？

5–2–15　マドンナは生み出した

5–2–16　this song と a great hit の間

5–2–17　この歌は大ヒットである

5–2–18　マドンナはこの歌が大ヒットである状態を生み出した。

□□□□□□□□□□□□□□□□□　　▶［黄リー教］p. 68

5–3–1　ベティは猫と一緒だと一番くつろぎを感じる。

5–3–2　feels

5–3–3　名詞

5–3–4　主語・動詞の目的語・前置詞の目的語・補語

5–3–5　前置詞の目的語

5–3–6　形容詞句

5–3–7　名詞修飾・補語

5–3–8　補語

5–3–9　現在形だから

5–3–10　三単現の s が付いているから

5–3–11　②

5–3–12　～のように感じる

5–3–13　副詞句

5–3–14　動詞修飾・形容詞修飾・他の副詞修飾・文修飾

5–3–15　動詞修飾

5–3–16　副詞

5–3–17　形容詞修飾

5–3–18　前置詞の目的語

5–3–19　前置詞

□□□□□□□□□□□□□□□□□　　▶［黄リー教］p. 68

5–4–1　クリスマスおめでとう！

5–4–2　wish

5–4–3　動詞の目的語

5–4–4　直接目的語

5–4–5　現在形

I wish you a merry Christmas.

5-4-6 you の働きは？

5-4-7 より精密に言うと？

5-4-8 Christmas はなぜ動詞の目的語と言えるのか？

5-4-9 wish は何番か？

5-4-10 merry の品詞と働きは？

5-4-11 ④の基本的意味は？

5-4-12 wish の基本的意味は？

5-4-13 間接目的語に付く助詞は？

5-4-14 直接目的語に付く助詞は？

5-4-15 「④の基本的意味」のレベルで和訳しなさい。

5-4-16 名詞の基本的働きは？

5-4-17 I を所有代名詞に変えなさい。

5-5 Vegetables grow well in Kent.

5-5-1 音読して、和訳しなさい。

5-5-2 述語動詞は？

5-5-3 grow は何形か？

5-5-4 grow の活用を言いなさい。

5-5-5 grow は何番か？

5-5-6 grow だけを訳しなさい。

5-5-7 well の品詞と働きは？

5-5-8 in Kent の品詞は？

5-5-9 副詞句の働きは？

5-5-10 in Kent の働きは？

5-5-11 Kent の品詞は？

5-5-12 名詞の基本的働きは？

5-5-13 Kent の働きは？

5-6 In addition to rice, they grow vegetables.

5-6-1 音読して、和訳しなさい。

5-6-2 述語動詞は？

5-6-3 grow は何形か？

5-6-4 grow は何番か？

5–4–6　動詞の目的語

5–4–7　間接目的語

5–4–8　前置詞が付いていなくて、動詞の目的語である you とイコールでないから

5–4–9　④

5–4–10　形容詞で名詞修飾

5–4–11　与える・与えない・取り去る

5–4–12　与える

5–4–13　「に」または「から」

5–4–14　を

5–4–15　私はあなたに楽しいクリスマス（という言葉）を与える。

5–4–16　主語・動詞の目的語・前置詞の目的語・補語

5–4–17　mine

□□□□□□□□□□□□□□□□□　▶［黄リー教］p. 68

5–5–1　ケントでは野菜がよく育つ。

5–5–2　grow

5–5–3　現在形

5–5–4　grow – grew – grown

5–5–5　①

5–5–6　育つ

5–5–7　副詞で動詞修飾

5–5–8　副詞句

5–5–9　動詞修飾・形容詞修飾・他の副詞修飾・文修飾

5–5–10　動詞修飾

5–5–11　名詞

5–5–12　主語・動詞の目的語・前置詞の目的語・補語

5–5–13　前置詞の目的語

□□□□□□□□□□□□□□□□□□　▶［黄リー教］p. 68

5–6–1　彼らは、米の他に、野菜も栽培している。

5–6–2　grow

5–6–3　現在形

5–6–4　③

In addition to rice, they grow vegetables.

5–6–5 grow だけを訳しなさい。

5–6–6 vegetables の働きは？

5–6–7 addition の働きは？

5–6–8 to rice の品詞は？

5–6–9 to rice の働きは？

5–6–10 In addition の働きは？

5–6–11 vegetables はなぜ動詞の目的語と言えるか？

5–6–12 they を目的格に変えなさい。

5–6–13 they を所有格に変えなさい。

5–6–14 they を所有代名詞に変えなさい。

5–7 I found everything in good order.

5–7–1 音読して、和訳しなさい。

5–7–2 述語動詞は？

5–7–3 in good order の品詞は？

5–7–4 in good order の働きは？

5–7–5 found は何形か？

5–7–6 found は何番か？

5–7–7 everything の働きは？

5–7–8 order の働きは？

5–7–9 構造上の主語・述語関係はどこにあるか？

5–7–10 構造上の主語・述語関係を日本語で言いなさい。

5–7–11 意味上の主語・述語関係はどこにあるか？

5–7–12 意味上の主語・述語関係を日本語で言いなさい。

5–7–13 ⑤の基本的意味は？

5–7–14 「⑤の基本的意味」と「OとCの間の意味上の主語・述語関係」のレベルで直訳しなさい。

5–8 The notes on the meaning of these words are on page 50.

5–8–1 音読して、和訳しなさい。

5–8–2 述語動詞は？

5–8–3 are は何番か？

5–8–4 be 動詞の番号と意味を言いなさい。

5–6–5　育てる

5–6–6　動詞の目的語

5–6–7　前置詞の目的語

5–6–8　形容詞句

5–6–9　名詞修飾

5–6–10　動詞修飾

5–6–11　前置詞が付いていなくて、主語である they とイコールでないから

5–6–12　them

5–6–13　their

5–6–14　theirs

□□□□□□□□□□□□□□□□□　　　　　　　▶［黄リー教］p. 69

5–7–1　私はすべてがよく整っているのがわかった。

5–7–2　found

5–7–3　形容詞句

5–7–4　補語

5–7–5　過去形

5–7–6　⑤

5–7–7　動詞の目的語

5–7–8　前置詞の目的語

5–7–9　I と found の間

5–7–10　私は認識した

5–7–11　everything と in good order の間

5–7–12　すべてのことはよく整っている

5–7–13　認識する・生み出す

5–7–14　私はすべてのことがよく整っている状態を認識した。

□□□□□□□□□□□□□□□□□　　　　　　　▶［黄リー教］p. 69

5–8–1　これらの語の語注は 50 ページにあります。

5–8–2　are

5–8–3　①

5–8–4　①だと「ある・いる・存在する」②だと「〜である」

The notes on the meaning of these words are on page 50.

5–8–5 these の品詞と働きは？

5–8–6 words の働きは？

5–8–7 on page 50 の品詞は？

5–8–8 on page 50 の働きは？

5–8–9 these words を are の主語にしてはいけないか？

5–8–10 なぜいけないのか？

5–9 Her new dress became her favorite.

5–9–1 音読して、和訳しなさい。

5–9–2 述語動詞は？

5–9–3 なぜ述語動詞と言えるのか？

5–9–4 なぜ過去形と言えるのか？

5–9–5 became の活用を言いなさい。

5–9–6 became は何番か？

5–9–7 favorite の品詞と働きは？

5–9–8 なぜ補語と言えるのか？

5–10 Her new dress becomes her.

5–10–1 音読して、和訳しなさい。

5–10–2 述語動詞は？

5–10–3 なぜ述語動詞と言えるのか？

5–10–4 なぜ現在形と言えるのか？

5–10–5 becomes は何番か？

5–10–6 文頭の Her の品詞と働きは？

5–10–7 文末の her の品詞と働きは？

5–10–8 なぜ動詞の目的語と言えるのか？

5–10–9 ③の become の意味は？

5–10–10 ②の become の意味は？

5–10–11 名詞の基本的働きは？

5–10–12 dress の働きはその中のどれか？

6–1 How many pupils are there in your class?

6–1–1 音読して、和訳しなさい。

5–8–5　形容詞で名詞修飾

5–8–6　前置詞の目的語

5–8–7　副詞句

5–8–8　動詞修飾

5–8–9　いけない

5–8–10　these words は「前置詞の目的語」だから

▶［黄リー教］p. 69

5–9–1　彼女の新しいドレスは彼女のお気に入りになった。

5–9–2　became

5–9–3　過去形だから

5–9–4　不規則活用で became は過去形しかないから

5–9–5　become – became – become

5–9–6　②

5–9–7　名詞で補語

5–9–8　前置詞が付いていなくて、主語である dress とイコールだから

▶［黄リー教］p. 69

5–10–1　彼女の新しいドレスは彼女に似合う。

5–10–2　becomes

5–10–3　現在形だから

5–10–4　三単現の s が付いているから

5–10–5　③

5–10–6　形容詞で名詞修飾

5–10–7　名詞で「動詞の目的語」

5–10–8　前置詞が付いていなくて、主語である dress とイコールでないから

5–10–9　似合う、ふさわしい

5–10–10　～になる

5–10–11　主語・動詞の目的語・前置詞の目的語・補語

5–10–12　主語

▶［黄リー教］p. 100

6–1–1　君のクラスには何人の生徒がいますか？

How many pupils are there in your class?

6–1–2　述語動詞は？

6–1–3　一般的に be の品詞は？

6–1–4　be 動詞の番号は？

6–1–5　be 動詞以外の動詞は何というか？

6–1–6　①の be 動詞の意味は？

6–1–7　②の be 動詞の意味は？

6–1–8　are は何番か？

6–1–9　there の品詞は？

6–1–10　are の主語は？

6–1–11　一般的に how の品詞は？

6–1–12　文頭の How の品詞と働きは？

6–1–13　How many pupils を直訳しなさい。

6–1–14　class の働きは？

6–1–15　in your class の品詞は？

6–2　How much time can you spare me?

6–2–1　音読して、和訳しなさい。

6–2–2　述語動詞は？

6–2–3　なぜ述語動詞と言えるのか？

6–2–4　spare は何形か？

6–2–5　なぜ原形と言えるのか？

6–2–6　spare は何番か？

6–2–7　助動詞の種類を全部言いなさい。

6–2–8　can はその中のどれか？

6–2–9　一般助動詞の活用の特徴は？

6–2–10　一般助動詞の後には何形の動詞が来るか？

6–2–11　can の活用を言いなさい。

6–2–12　原形動詞を使うところは？

6–2–13　④の基本的意味は？

6–2–14　一般的に④の spare の基本的意味は？

6–2–15　一般的に how の品詞は？

6–2–16　文頭の How の品詞と働きは？

6–1–2　are

6–1–3　動詞・助動詞

6–1–4　①・②

6–1–5　一般動詞

6–1–6　ある・いる・存在する

6–1–7　〜である

6–1–8　①

6–1–9　誘導副詞

6–1–10　pupils

6–1–11　疑問副詞・感嘆副詞・関係副詞・従属接続詞

6–1–12　疑問副詞で形容詞修飾

6–1–13　どれくらいの数の生徒

6–1–14　前置詞の目的語

6–1–15　副詞句

□□□□□□□□□□□□□□□□□□　　　　　　　　　▶［黄リー教］p. 101

6–2–1　どれくらいお時間をさいていただけますか？

6–2–2　spare

6–2–3　現在形の助動詞が付いているから

6–2–4　原形

6–2–5　一般助動詞が付いているから

6–2–6　④

6–2–7　be 助動詞・have 助動詞・do 助動詞・一般助動詞

6–2–8　一般助動詞

6–2–9　現在形と過去形しかない

6–2–10　原形

6–2–11　現在形 can、過去形 could

6–2–12　to の後 / do 助動詞・一般助動詞の後 / 命令文 / make・have・let などの補語 / 仮定法現在

6–2–13　与える・与えない・取り去る

6–2–14　与える・取り去る

6–2–15　疑問副詞・感嘆副詞・関係副詞・従属接続詞

6–2–16　疑問副詞で形容詞修飾

How much time can you spare me?

6–2–17　How much time を直訳しなさい。

6–2–18　time の働きは？

6–2–19　より精密に言うと？

6–2–20　time はなぜ動詞の目的語と言えるのか？

6–2–21　me の働きは？

6–2–22　より精密に言うと？

6–2–23　can を原形にしなさい。

6–3　This volcano shows no signs of activity.

6–3–1　音読して、和訳しなさい。

6–3–2　述語動詞は？

6–3–3　なぜ述語動詞と言えるのか？

6–3–4　なぜ現在形と言えるのか？

6–3–5　shows は何番か？

6–3–6　no の品詞と働きは？

6–3–7　of activity の品詞は？

6–4　What time do you open your office?

6–4–1　音読して、和訳しなさい。

6–4–2　述語動詞は？

6–4–3　絶対に述語動詞と言えるか？

6–4–4　なぜか？

6–4–5　文とは何か？

6–4–6　do の品詞は？

6–4–7　do は何形か？

6–4–8　do を過去形に変えなさい。

6–4–9　do を過去分詞形に変えなさい。

6–4–10　助動詞の 4 種類を言いなさい。

6–4–11　do 助動詞の活用の特徴は？

6–4–12　do 助動詞が原形になるのはどういう場合か？

6–4–13　do 助動詞を使った命令文はどういう形か？

6–4–14　open は何形か？

6–2–17　どれくらいの量の時間

6–2–18　動詞の目的語

6–2–19　直接目的語

6–2–20　前置詞が付いていなくて、動詞の目的語である me とイコールでないから

6–2–21　動詞の目的語

6–2–22　間接目的語

6–2–23　できない（原形はないから）

□□□□□□□□□□□□□□　▶［黄リー教］p. 101

6–3–1　この火山は活動のどんな徴候も示していない。

6–3–2　shows

6–3–3　現在形だから

6–3–4　三単現の s が付いているから

6–3–5　③

6–3–6　形容詞で名詞修飾

6–3–7　形容詞句

□□□□□□□□□□□□□□　▶［黄リー教］p. 101　Lesson 10–1

6–4–1　あなたは事務所を何時に開けますか？

6–4–2　open

6–4–3　言える

6–4–4　現在形の助動詞が付いているから

6–4–5　構造上の主語＋述語動詞

6–4–6　助動詞

6–4–7　現在形

6–4–8　did

6–4–9　変えられない（過去分詞形はないから）

6–4–10　be 助動詞・have 助動詞・do 助動詞・一般助動詞

6–4–11　過去分詞形と ing 形がない

6–4–12　命令文の場合

6–4–13　Do 原形動詞. / Don't 原形動詞.

6–4–14　原形

What time do you open your office?

6–5　The imperial Japanese army was one war behind the times.

6–4–15　do 助動詞が付いているから

6–4–16　③

6–4–17　to の後 / do 助動詞・一般助動詞の後 / 命令文 / make・have・let などの補語 / 仮定法現在

6–4–18　動詞の目的語

6–4–19　疑問形容詞で名詞修飾

6–4–20　副詞的目的格（動詞修飾も可）

6–4–21　形容詞で名詞修飾

6–4–22　主語・動詞の目的語・前置詞の目的語・補語

6–4–23　原形・現在形・過去形・過去分詞形・ing 形

6–4–24　どんな

6–4–25　同格・副詞的目的格・being が省略された分詞構文のどれだろうと考える

6–4–26　副詞的目的格

6–4–27　原形

6–4–28　be 助動詞

6–4–29　Do be -ing / Do be p.p. / Don't be -ing / Don't be p.p. の場合

6–4–30　疑問代名詞・疑問形容詞・疑問副詞

6–4–31　what・which・whose

6–4–32　名詞修飾

□□□□□□□□□□□□□□□□　　　　　　　▶［黄リー教］p. 101

6–5–1　帝国陸軍は戦争一つ分時代に遅れていた。

6–5–2　was

6–5–3　①

6–5–4　名詞修飾

6–5–5　副詞的目的格（副詞修飾も可）

6–5–6　同格・副詞的目的格・being が省略された分詞構文のどれだろうと考える

6–5–7　副詞的目的格

6–5–8　副詞句

6–5–9　動詞修飾

6–6　Never mind about that.

6–6–1　音読して、和訳しなさい。

6–6–2　述語動詞は？

6–6–3　mind は何形か？

6–6–4　なぜか？

6–6–5　mind は何番か？

6–6–6　mind の主語は？

6–6–7　Never の品詞は？

6–6–8　that の働きは？

6–6–9　原形動詞を使うところは？

6–6–10　その中で述語動詞になるのはどれか？

6–6–11　その中で準動詞になるのはどれか？

6–6–12　do 助動詞を使って否定命令文にしなさい。

6–6–13　Don't mind の Do は何形か？

6–6–14　なぜか？

6–6–15　Don't mind の mind は何形か？

6–6–16　なぜか？

6–7　London, the capital of England, stands on the Thames.

6–7–1　音読して、和訳しなさい。

6–7–2　名詞が余ったときの考え方は？

6–7–3　capital はその中のどれか？

6–7–4　述語動詞は？

6–7–5　なぜ述語動詞と言えるのか？

6–7–6　なぜ現在形と言えるのか？

6–7–7　Thames の働きは？

6–7–8　stands は何番か？

6–7–9　名詞の働きをすべて言いなさい。

6–8　You shouldn't do it this way.

6–8–1　音読して、和訳しなさい。

□□□□□□□□□□□□□□□□□ ▶［黄リー教］p. 102

6–6–1　それについて気にするな。

6–6–2　mind

6–6–3　原形

6–6–4　命令文だから

6–6–5　①

6–6–6　文頭に省略されている You

6–6–7　副詞

6–6–8　前置詞の目的語

6–6–9　to の後 / do 助動詞・一般助動詞の後 / 命令文 / make・have・let などの補語 / 仮定法現在

6–6–10　do 助動詞・一般助動詞の後 / 命令文 / 仮定法現在

6–6–11　to の後 / make・have・let などの補語

6–6–12　Don't mind about that.

6–6–13　原形

6–6–14　命令文だから

6–6–15　原形

6–6–16　do 助動詞が付いているから

□□□□□□□□□□□□□□□□□ ▶［黄リー教］p. 102

6–7–1　イギリスの首都ロンドンはテムズ川に臨んでいる。

6–7–2　同格・副詞的目的格・being が省略された分詞構文のどれだろうと考える

6–7–3　同格

6–7–4　stands

6–7–5　現在形だから

6–7–6　三単現の s が付いているから

6–7–7　前置詞の目的語

6–7–8　①

6–7–9　主語・動詞の目的語・前置詞の目的語・補語・同格・副詞的目的格

□□□□□□□□□□□□□□□□□ ▶［黄リー教］p. 102

6–8–1　君はこういうふうにそれをするべきでない。

You shouldn't do it this way.

6–8–2　述語動詞は？

6–8–3　なぜ述語動詞と言えるのか？

6–8–4　do は何形か？

6–8–5　way の働きは？

6–8–6　do は何番か？

6–8–7　do はなぜ原形と言えるのか？

6–8–8　should を現在形にしなさい。

6–8–9　should を原形にしなさい。

6–8–10　助動詞の 4 種類を言いなさい。

6–8–11　一般助動詞の活用の特徴は？

6–8–12　一般助動詞の後には何形の動詞が来るか？

6–8–13　助動詞の先後を言いなさい。

6–8–14　do 助動詞と一緒に使える他の助動詞は何か？

6–8–15　do 助動詞を他の助動詞と並べるのはどういう場合か？

6–8–16　shouldn't は何の短縮形か？

6–8–17　it の働きは？

6–9　What are you going to call the baby?

6–9–1　音読して、和訳しなさい。

6–9–2　述語動詞は？

6–9–3　なぜ述語動詞と言えるのか？

6–9–4　現在形の助動詞とはどれか？

6–9–5　助動詞 be going to の意味を言いなさい。

6–9–6　call は何形か？

6–9–7　call は何番か？

6–9–8　baby の働きは？

6–9–9　疑問詞の種類を言いなさい。

6–9–10　疑問代名詞をすべて言いなさい。

6–9–11　文頭の What の品詞は？

6–9–12　疑問代名詞の what の訳語は？

6–9–13　疑問形容詞の what の訳語は？

6–9–14　疑問詞の what の品詞は？

6–8–2　do

6–8–3　過去形の助動詞が付いているから

6–8–4　原形

6–8–5　副詞的目的格（動詞修飾も可）

6–8–6　③

6–8–7　一般助動詞が付いているから

6–8–8　shall

6–8–9　できない（原形がないから）

6–8–10　be 助動詞・have 助動詞・do 助動詞・一般助動詞

6–8–11　現在形と過去形しかない

6–8–12　原形

6–8–13　一般助動詞→have 助動詞→進行形を作る be 助動詞→受身を作る be 助動詞の順番に並べる（一般 have 進行受動の順番）

6–8–14　be 助動詞

6–8–15　Do be -ing / Do be p.p. / Don't be -ing / Don't be p.p. の場合

6–8–16　should not の短縮形

6–8–17　動詞の目的語

□□□□□□□□□□□□□□□□□　　　　　　　　　▶ ［黄リー教］p. 103

6–9–1　あなたは赤ちゃんを何と呼ぶおつもりですか？

6–9–2　call

6–9–3　現在形の助動詞が付いているから

6–9–4　are going to

6–9–5　V するでしょう / V するつもりだ / V することになっている

6–9–6　原形

6–9–7　⑤

6–9–8　動詞の目的語

6–9–9　疑問代名詞・疑問形容詞・疑問副詞

6–9–10　what・which・who・whom

6–9–11　疑問代名詞

6–9–12　なに

6–9–13　どんな

6–9–14　疑問代名詞・疑問形容詞・疑問副詞（疑問副詞のこともある）

What are you going to call the baby?

6–9–15 疑問代名詞の what の働きは？

6–9–16 What の働きは？

6–10 We have to take the bus and then change to another one.

6–10–1 音読して、和訳しなさい。

6–10–2 述語動詞は？

6–10–3 have to の品詞は？

6–10–4 have to は何形か？

6–10–5 have to の否定形は？

6–10–6 take は何形か？

6–10–7 take は何番か？

6–10–8 and の品詞は？

6–10–9 and は何と何をつないでいるか？

6–10–10 change は何形か？

6–10–11 なぜか？

6–10–12 change は何番か？

6–10–13 one の中身は何か？

6–10–14 then の品詞は？

6–10–15 have to を過去形にしなさい。

6–10–16 don't have to の意味は？

6–11 Baseball used to be by far the most popular sport in Japan.

6–11–1 音読して、和訳しなさい。

6–11–2 述語動詞は？

6–11–3 be は何番か？

6–11–4 used to の品詞は？

6–11–5 used to は何形か？

6–11–6 by far の品詞は？

6–11–7 by far はどこにかかるか？

6–11–8 一般的に by far の意味は？

6–11–9 sport の働きは？

6–11–10 most の品詞と働きは？

6–9–15 　主語・動詞の目的語・前置詞の目的語・補語

6–9–16 　補語

□□□□□□□□□□□□□□□□□□ ▶［黄リー教］p. 103

6–10–1 　私たちはそのバスに乗り、それから別のバスに乗り換えなければならない。

6–10–2 　take, change

6–10–3 　助動詞

6–10–4 　現在形

6–10–5 　don't have to または have not to

6–10–6 　原形

6–10–7 　③

6–10–8 　等位接続詞

6–10–9 　take と change

6–10–10 　原形

6–10–11 　一般助動詞が付いているから

6–10–12 　①

6–10–13 　bus

6–10–14 　副詞

6–10–15 　had to

6–10–16 　する必要はない

□□□□□□□□□□□□□□□□□□ ▶［黄リー教］p. 104

6–11–1 　かつて野球は日本では飛び抜けて人気のあるスポーツだった。

6–11–2 　be

6–11–3 　②

6–11–4 　助動詞

6–11–5 　過去形

6–11–6 　副詞

6–11–7 　the most popular

6–11–8 　はるかに、ずっと、とびぬけて

6–11–9 　補語

6–11–10 　副詞で形容詞修飾

Baseball used to be by far the most popular sport in Japan.

6–11–11　一般的に used to の意味を言いなさい。

6–11–12　助動詞の 4 種類を言いなさい。

6–11–13　助動詞の先後を言いなさい。

6–11–14　do 助動詞と一緒に使える他の助動詞は何か？

6–11–15　末尾に to が付く助動詞を 6 つあげなさい。

7–1　Liz is being neat and clean today.

7–1–1　音読して、和訳しなさい。

7–1–2　述語動詞は？

7–1–3　絶対に述語動詞と言えるか？

7–1–4　なぜか？

7–1–5　is の品詞は？

7–1–6　being の品詞は？

7–1–7　is being の品詞は？

7–1–8　is being は述語動詞か、準動詞か？

7–1–9　なぜそう言えるのか？

7–1–10　is being は何番か？

7–1–11　is being を過去分詞形に変えなさい。

7–1–12　is being を ing 形に変えなさい。

7–1–13　ing の可能性は？

7–1–14　being はその中のどれか？

7–1–15　being は動名詞か、現在分詞か？

7–1–16　現在分詞の可能性は？

7–1–17　being は着物を着ているか、裸か？

7–1–18　裸の現在分詞の可能性は？

7–1–19　裸の ing の可能性は？

7–1–20　be 助動詞の後には何形の動詞が来るか？

7–1–21　and の品詞は？

7–1–22　clean の品詞と働きは？

7–1–23　today の品詞と働きは？

7–1–24　and は何と何をつないでいるか？

6–11–11　昔はよく…したものだった / 昔は…の状態だった

6–11–12　be 助動詞・have 助動詞・do 助動詞・一般助動詞

6–11–13　一般助動詞→have 助動詞→進行形を作る be 助動詞→受身を作る be 助動詞の順番に並べる（一般 have 進行受動の順番）

6–11–14　be 助動詞

6–11–15　ought to / used to / have to / be going to / be about to / be to

---

□□□□□□□□□□□□□□□□　　　　　　　▶［黄リー教］p. 120　Lesson 10–2

7–1–1　リズは、今日は清潔で小奇麗にしている。

7–1–2　is being

7–1–3　言える

7–1–4　現在形だから

7–1–5　助動詞

7–1–6　動詞

7–1–7　動詞

7–1–8　述語動詞

7–1–9　現在形だから

7–1–10　②

7–1–11　been being

7–1–12　変えられない（ing 形はないから）

7–1–13　進行形・動名詞・現在分詞形容詞用法・分詞構文

7–1–14　進行形

7–1–15　現在分詞

7–1–16　進行形・現在分詞形容詞用法・分詞構文

7–1–17　着物を着ている

7–1–18　現在分詞形容詞用法・分詞構文

7–1–19　動名詞・現在分詞形容詞用法・分詞構文

7–1–20　過去分詞形・ing 形

7–1–21　等位接続詞

7–1–22　形容詞で補語

7–1–23　副詞で動詞修飾

7–1–24　neat と clean

7–2　What are you doing now?

7–2–1　音読して、和訳しなさい。

7–2–2　述語動詞は？

7–2–3　なぜ述語動詞と言えるのか？

7–2–4　現在形とはどれのことか？

7–2–5　doing の品詞は？

7–2–6　are の品詞は？

7–2–7　are doing は何番か？

7–2–8　doing は動名詞か、現在分詞か？

7–2–9　ing の可能性は？

7–2–10　doing はその中のどれか？

7–2–11　ing 形を述語動詞にする方法は？

7–2–12　進行形が表す意味は？

7–2–13　are doing はその中のどれか？

7–2–14　What の品詞と働きは？

7–2–15　What だけを和訳しなさい。

7–2–16　now の品詞は？

7–2–17　現在分詞の可能性は？

7–2–18　裸の現在分詞の可能性は？

7–2–19　疑問代名詞の働きは？

7–3　What are you doing tonight?

7–3–1　音読して、3 通りに和訳しなさい。

7–3–2　述語動詞は？

7–3–3　are doing は何番か？

7–3–4　are doing の目的語は？

7–3–5　What の品詞は？

7–3–6　tonight の品詞は？

7–3–7　副詞の働きは？

7–3–8　tonight の働きは？

7–3–9　進行形が表す意味は？

▶［黄リー教］p. 120

□□□□□□□□□□□□□□□□□□□

7–2–1　あなたは今何をしていますか？

7–2–2　are doing

7–2–3　現在形だから

7–2–4　are doing

7–2–5　動詞

7–2–6　助動詞

7–2–7　③

7–2–8　現在分詞

7–2–9　進行形・動名詞・現在分詞形容詞用法・分詞構文

7–2–10　進行形

7–2–11　進行形にする

7–2–12　進行中・反復的動作・一時的状態・近い未来の予定

7–2–13　進行中

7–2–14　疑問代名詞で「動詞の目的語」

7–2–15　なに

7–2–16　副詞

7–2–17　進行形・現在分詞形容詞用法・分詞構文

7–2–18　現在分詞形容詞用法・分詞構文

7–2–19　主語・動詞の目的語・前置詞の目的語・補語

▶［黄リー教］p. 121

□□□□□□□□□□□□□□□□□□□

7–3–1　あなたは、今晩は何をしているんですか？ / あなたは、今晩は何をする予定ですか？ / あなたは、今晩は何をするつもりですか？

7–3–2　are doing

7–3–3　③

7–3–4　What

7–3–5　疑問代名詞

7–3–6　副詞

7–3–7　動詞修飾・形容詞修飾・他の副詞修飾・文修飾

7–3–8　動詞修飾

7–3–9　進行中 / 反復的動作 / 一時的状態 / 近い未来の予定

What are you doing tonight?

    7–3–10　are doing はその中のどれか？

7–4　What will you be doing tonight?

    7–4–1　音読して、和訳しなさい。

    7–4–2　述語動詞は？

    7–4–3　なぜ述語動詞と言えるのか？

    7–4–4　will を原形にしなさい。

    7–4–5　助動詞の種類を全部言いなさい。

    7–4–6　一般助動詞の活用の特徴は？

    7–4–7　一般助動詞の後には何形の動詞が来るか？

    7–4–8　will の活用を言いなさい。

    7–4–9　be doing が表す意味は？

    7–4–10　will がついている動詞は？

    7–4–11　be doing は何形か？

    7–4–12　原形動詞を使うところは？

    7–4–13　be doing はその中のどれか？

7–5　In those days, we were getting up at seven o'clock and going to work.

    7–5–1　音読して、和訳しなさい。

    7–5–2　述語動詞は？

    7–5–3　and の品詞は？

    7–5–4　and は何と何をつないでいるか？

    7–5–5　were going は何形か？

    7–5–6　過去分詞形に変えなさい。

    7–5–7　ing 形に変えなさい。

    7–5–8　work の品詞は？

    7–5–9　were getting が表す意味は？

    7–5–10　going は動名詞か、現在分詞か？

    7–5–11　going は着物を着ているか、裸か？

    7–5–12　were の品詞は？

    7–5–13　現在分詞の可能性は？

    7–5–14　up の品詞は？

7–3–10　進行中 / 近い未来の予定

....

□□□□□□□□□□□□□□□□　　　　　▶［黄リー教］p. 121

7–4–1　あなたは、今晩は何をしているでしょうか？

7–4–2　be doing

7–4–3　現在形の助動詞が付いているから

7–4–4　できない（原形はないから）

7–4–5　be 助動詞・have 助動詞・do 助動詞・一般助動詞

7–4–6　現在形と過去形しかない

7–4–7　原形

7–4–8　現在形 will / 過去形 would

7–4–9　進行中

7–4–10　be doing

7–4–11　原形

7–4–12　to の後 / do 助動詞・一般助動詞の後 / 命令文 / make・have・let などの補語 / 仮定法現在

7–4–13　一般助動詞の後

....

□□□□□□□□□□□□□□□□　　　　　▶［黄リー教］p. 121

7–5–1　当時は、私たちは 7 時に起きて、仕事に行っていました。

7–5–2　were getting, were going

7–5–3　等位接続詞

7–5–4　getting と going

7–5–5　過去形

7–5–6　been going

7–5–7　変えられない（ing 形はないから）

7–5–8　名詞

7–5–9　過去の反復的動作

7–5–10　現在分詞

7–5–11　着物を着ている

7–5–12　助動詞

7–5–13　進行形・現在分詞形容詞用法・分詞構文

7–5–14　副詞

115

In those days, we were getting up at seven o'clock and going to work.

7–5–15 we を所有代名詞に変えなさい。

8–1 The book is being printed, and it will be published in a fortnight.

8–1–1 音読して、和訳しなさい。

8–1–2 述語動詞は？

8–1–3 過去分詞形の動詞をすべて言いなさい。

8–1–4 過去形の動詞をすべて言いなさい。

8–1–5 現在形の助動詞をすべて言いなさい。

8–1–6 現在形の動詞をすべて言いなさい。

8–1–7 原形の助動詞をすべて言いなさい。

8–1–8 ing 形の動詞をすべて言いなさい。

8–1–9 ing 形の助動詞をすべて言いなさい。

8–1–10 原形の動詞をすべて言いなさい。

8–1–11 「2 週間以内に」は英語で何と言うか？

8–1–12 and は何と何をつないでいるか？

8–1–13 is being printed はなぜ述語動詞か？

8–1–14 be published はなぜ述語動詞か？

8–1–15 will を ing 形にしなさい。

8–1–16 be published を ing 形に変えなさい。

8–1–17 is being printed を ing 形に変えなさい。

8–2 Japanese houses used to be mostly built of wood and paper.

8–2–1 音読して、2 通りに和訳しなさい。

8–2–2 述語動詞は？

8–2–3 なぜか？

8–2–4 houses の品詞は？

8–2–5 名詞の基本的働きは？

8–2–6 houses はその中のどれか？

8–2–7 used to の品詞は？

8–2–8 used to は何形か？

8–2–9 mostly の品詞は？

8–2–10 paper の働きは？

7–5–15　ours

□□□□□□□□□□□□□□□□　　　　　　　　　　▶［黄リー教］p. 144

8–1–1　その本は今印刷中で、2 週間後に出版されるでしょう。

8–1–2　is being printed, be published

8–1–3　printed, published

8–1–4　言えない（過去形の動詞はないから）

8–1–5　is, will

8–1–6　is being printed

8–1–7　be

8–1–8　being printed

8–1–9　being

8–1–10　be published

8–1–11　within a fortnight

8–1–12　The book is being printed と it will be published in a fortnight

8–1–13　現在形だから

8–1–14　現在形の助動詞が付いているから

8–1–15　できない（ing 形はないから）

8–1–16　being published

8–1–17　できない（ing 形はないから）

□□□□□□□□□□□□□□□□□　　　　　　▶［黄リー教］p. 145　Lesson 10–3

8–2–1　日本家屋は、昔は、大部分木と紙でできていた / 昔は、ほとんどの日本
　　　　家屋が木と紙でできていた。

8–2–2　be built

8–2–3　過去形の助動詞が付いているから

8–2–4　名詞

8–2–5　主語・動詞の目的語・前置詞の目的語・補語

8–2–6　主語

8–2–7　助動詞

8–2–8　過去形

8–2–9　副詞

8–2–10　前置詞の目的語

Japanese houses used to be mostly built of wood and paper.

8–2–11   of wood and paper の品詞と働きは？

8–2–12   and の品詞は？

8–2–13   built の品詞は？

8–2–14   built は何形か？

8–2–15   built を原形に変えなさい。

8–2–16   be の品詞は？

8–2–17   過去分詞の可能性は？

8–2–18   built はその中のどれか？

8–2–19   過去分詞形が述語動詞になるのはどういう場合か？

8–2–20   過去分詞形が準動詞になるのはどういう場合か？

8–2–21   be built は何番か？

8–2–22   be built は何形か？

8–2–23   built は着物を着ているか、裸か？

8–2–24   着物はどれか？

8–2–25   着物を着ている過去分詞の可能性は？

8–2–26   be built は着物を着ているか、裸か？

8–2–27   着物はどれか？

8–2–28   be built を過去分詞形に変えなさい。

8–2–29   原形動詞を使うところは？

8–2–30   be built はその中のどれか？

8–2–31   be built を ing 形に変えなさい。

8–3   The water was turned green by the dye.

8–3–1   音読して、和訳しなさい。

8–3–2   述語動詞は？

8–3–3   なぜ述語動詞と言えるのか？

8–3–4   green の品詞と働きは？

8–3–5   turned は何形か？

8–3–6   turned は述語動詞か、準動詞か？

8–3–7   なぜか？

8–3–8   was turned は何番か？

8–3–9   was turned を過去分詞形に変えなさい。

8–2–11 副詞句で動詞修飾

8–2–12 等位接続詞

8–2–13 動詞

8–2–14 過去分詞形

8–2–15 build

8–2–16 助動詞

8–2–17 受身・完了・過去分詞形容詞用法・分詞構文

8–2–18 受身

8–2–19 受身と完了の場合（着物を着ている場合）

8–2–20 過去分詞形容詞用法と分詞構文の場合（裸の場合）

8–2–21 －③

8–2–22 原形

8–2–23 着物を着ている

8–2–24 be

8–2–25 受身・完了

8–2–26 着物を着ている

8–2–27 used to

8–2–28 been built

8–2–29 to の後 / do 助動詞・一般助動詞の後 / 命令文 / make・have・let などの補語 / 仮定法現在

8–2–30 一般助動詞の後

8–2–31 being built

□□□□□□□□□□□□□□□□□ ▶［黄リー教］p. 145

8–3–1 その水は染料によって緑色になった。

8–3–2 was turned

8–3–3 過去形だから

8–3–4 形容詞で補語

8–3–5 過去分詞形

8–3–6 述語動詞

8–3–7 過去形の助動詞が付いているから

8–3–8 －⑤

8–3–9 been turned

The water was turned green by the dye.

8–3–10 過去分詞の可能性は？

8–3–11 turned はその中のどれか？

8–3–12 名詞の働きをすべて言いなさい。

8–3–13 dye はそのうちのどれか？

8–3–14 green を名詞と捉えてはなぜいけないか？

8–4　How long in advance can theater tickets be reserved?

8–4–1 音読して、和訳しなさい。

8–4–2 述語動詞は？

8–4–3 How の品詞と働きは？

8–4–4 long の働きは？

8–4–5 in advance の働きは？

8–4–6 be reserved はなぜ述語動詞と言えるのか？

8–4–7 can を原形にしなさい。

8–4–8 原形動詞を使うところは？

8–4–9 その中で述語動詞になるのはどれか？

8–4–10 その中で準動詞になるのはどれか？

8–4–11 reserved は何形か？

8–4–12 be の品詞は？

8–4–13 be 助動詞の後には何形の動詞が来るか？

8–4–14 過去分詞の可能性は？

8–4–15 reserved はその中のどれか？

8–4–16 be reserved は何番か？

8–4–17 be reserved の主語は？

8–5　How many Japanese soldiers were killed at the Battle of Buna?

8–5–1 音読して、和訳しなさい。

8–5–2 述語動詞は？

8–5–3 なぜ述語動詞と言えるのか？

8–5–4 How の品詞と働きは？

8–5–5 many の働きは？

8–3–10　受身・完了・過去分詞形容詞用法・分詞構文

8–3–11　受身

8–3–12　主語・動詞の目的語・前置詞の目的語・補語・同格・副詞的目的格

8–3–13　前置詞の目的語

8–3–14　名詞だと「水」と「色」はイコールではないので、green は「動詞の目的語」になり、was turned は −④になるが、turn は④では使えないから

□□□□□□□□□□□□□□□　　　　　　　▶［黄リー教］p. 146

8–4–1　お芝居の券はどれくらい前に予約できますか？

8–4–2　be reserved

8–4–3　疑問副詞で他の副詞修飾

8–4–4　他の副詞修飾

8–4–5　動詞修飾

8–4–6　現在形の助動詞が付いているから

8–4–7　できない（原形はないから）

8–4–8　to の後 / do 助動詞・一般助動詞の後 / 命令文 / make・have・let などの補語 / 仮定法現在

8–4–9　do 助動詞・一般助動詞の後 / 命令文 / 仮定法現在

8–4–10　to の後 / make・have・let などの補語

8–4–11　過去分詞形

8–4–12　助動詞

8–4–13　過去分詞形・ing 形

8–4–14　受身・完了・過去分詞形容詞用法・分詞構文

8–4–15　受身

8–4–16　−③

8–4–17　theater tickets

□□□□□□□□□□□□□□□□□　　　　　　▶［黄リー教］p. 146

8–5–1　何人の日本兵がブナの戦いで戦死しましたか？

8–5–2　were killed

8–5–3　過去形だから

8–5–4　疑問副詞で形容詞修飾

8–5–5　名詞修飾

How many Japanese soldiers were killed at the Battle of Buna?

8–5–6 　killed は何形か？

8–5–7 　killed は述語動詞か、準動詞か？

8–5–8 　なぜか？

8–5–9 　Battle の働きは？

8–6　Reference books are not to be taken out of the library.

8–6–1 　音読して、和訳しなさい。

8–6–2 　述語動詞は？

8–6–3 　絶対に述語動詞と言えるか？

8–6–4 　なぜか？

8–6–5 　現在形の助動詞とはどれか？

8–6–6 　構造上の主語は？

8–6–7 　taken は何形か？

8–6–8 　過去分詞の可能性は？

8–6–9 　taken はその中のどれか？

8–6–10 　taken は着物を着ているか、裸か？

8–6–11 　着物はどれか？

8–6–12 　過去分詞を述語動詞にする方法は？

8–6–13 　taken を過去形に変えなさい。

8–6–14 　be taken の品詞は？

8–6–15 　be taken は何形か？

8–6–16 　be taken は何番か？

8–6–17 　be taken を過去分詞形に変えなさい。

8–6–18 　be taken は着物を着ているか、裸か？

8–6–19 　着物はどれか？

8–6–20 　library の働きは？

8–6–21 　どの前置詞か？

8–6–22 　助動詞 be to の意味は？

8–6–23 　過去分詞で文を作る方法は？

8–6–24 　受身の動詞型は？

8–6–25 　－④の後に来る要素は？

8–6–26 　－⑤の後に来る要素は？

8–6–27 　自動詞の番号は？

8–5–6　過去分詞形

8–5–7　述語動詞

8–5–8　過去形の助動詞が付いているから

8–5–9　前置詞の目的語

□□□□□□□□□□□□□□□□　▶［黄リー教］p. 147　Lesson 10–4

8–6–1　参考図書は館外に持ち出せません。

8–6–2　be taken

8–6–3　言える

8–6–4　現在形の助動詞が付いているから

8–6–5　are to

8–6–6　Reference books

8–6–7　過去分詞形

8–6–8　受身・完了・過去分詞形容詞用法・分詞構文

8–6–9　受身

8–6–10　着物を着ている

8–6–11　be

8–6–12　受身か完了にする

8–6–13　took

8–6–14　動詞

8–6–15　原形

8–6–16　－③

8–6–17　been taken

8–6–18　着物を着ている

8–6–19　are to

8–6–20　前置詞の目的語

8–6–21　out of

8–6–22　予定・義務・可能

8–6–23　受身か完了にする

8–6–24　－③・－④・－⑤

8–6–25　動詞の目的語

8–6–26　補語

8–6–27　①・②

Reference books are not to be taken out of the library.

8–6–28 他動詞の番号は？

9–1 I'd already seen the film, so I didn't go with the others.

9–1–1 音読して、和訳しなさい。

9–1–2 述語動詞は？

9–1–3 なぜ述語動詞と言えるのか？

9–1–4 I'd は何の短縮形か？

9–1–5 did を原形にしなさい。

9–1–6 did を過去分詞形にしなさい。

9–1–7 did を ing 形にしなさい。

9–1–8 had は何形か？

9–1–9 had を過去分詞形にしなさい。

9–1–10 had を ing 形にしなさい。

9–1–11 go は何形か？

9–1–12 なぜか？

9–1–13 助動詞の種類を全部言いなさい。

9–1–14 film の働きは？

9–1–15 so の品詞は？

9–1–16 seen の番号は？

9–1–17 過去分詞形で文を作るにはどうしたらよいか？

9–1–18 others の働きは？

9–2 Never in my life have I felt so alone.

9–2–1 音読して、和訳しなさい。

9–2–2 述語動詞は？

9–2–3 なぜ述語動詞と言えるのか？

9–2–4 felt は何形か？

9–2–5 felt は何番か？

9–2–6 Never の品詞は？

9–2–7 alone の品詞と働きは？

9–2–8 so の品詞と働きは？

9–2–9 life の働きは？

8–6–28　③・④・⑤・－③・－④・－⑤

□□□□□□□□□□□□□□□□□　▶［黄リー教］p. 175

9–1–1　私はその映画をすでに見ていたので、他の人たちと一緒に行かなかった。

9–1–2　seen, go

9–1–3　過去形の助動詞が付いているから

9–1–4　I had

9–1–5　do

9–1–6　できない（過去分詞形はないから）

9–1–7　できない（ing 形はないから）

9–1–8　過去形

9–1–9　できない（過去分詞形はないから）

9–1–10　having

9–1–11　原形

9–1–12　do 助動詞が付いているから

9–1–13　be 助動詞 / have 助動詞 / do 助動詞 / 一般助動詞

9–1–14　動詞の目的語

9–1–15　副詞

9–1–16　③

9–1–17　受身か完了にする

9–1–18　前置詞の目的語

□□□□□□□□□□□□□□□□　▶［黄リー教］p. 176

9–2–1　私はこれまでの人生でこれほど孤独に感じたことはない。

9–2–2　felt

9–2–3　現在形の助動詞が付いているから

9–2–4　過去分詞形

9–2–5　②

9–2–6　副詞

9–2–7　形容詞で補語

9–2–8　副詞で形容詞修飾

9–2–9　前置詞の目的語

Never in my life have I felt so alone.

9–2–10 have は何形か？

9–2–11 have を過去分詞形に変えなさい。

9–2–12 なぜ疑問文の語順になっているのか？

9–2–13 過去分詞形の可能性は？

9–2–14 felt はその中のどれか？

9–3 Some good fairy must have been protecting me.

9–3–1 音読して、和訳しなさい。

9–3–2 述語動詞は？

9–3–3 have の品詞は？

9–3–4 have は何形か？

9–3–5 助動詞の種類を全部言いなさい。

9–3–6 must はその中のどれか？

9–3–7 一般助動詞の活用の特徴は？

9–3–8 been の品詞は？

9–3–9 be 助動詞の後には何形の動詞が来るか？

9–3–10 have 助動詞の後には何形の動詞が来るか？

9–3–11 been protecting の品詞は？

9–3–12 been protecting は何形か？

9–3–13 been protecting を ing 形に変えなさい。

9–3–14 been protecting は何番か？

9–3–15 must have p.p. はどういう意味を表すか？

9–3–16 Some の意味を言いなさい。

9–3–17 助動詞の先後を言いなさい。

9–3–18 この英文を受動態に変えなさい。

9–4 Who has been drinking from my cup?

9–4–1 音読して、和訳しなさい。

9–4–2 述語動詞は？

9–4–3 なぜ述語動詞と言えるのか？

9–4–4 Who の品詞と働きは？

9–2–10　現在形

9–2–11　できない（過去分詞形はないから）

9–2–12　文頭に否定の意味の副詞が出ているから

9–2–13　受身・完了・過去分詞形容詞用法・分詞構文

9–2–14　完了

▶［黄リー教］p. 176

□□□□□□□□□□□□□□

9–3–1　きっとどこかの善良な妖精が私を守ってくれていたに違いないわ。

9–3–2　been protecting

9–3–3　助動詞

9–3–4　原形

9–3–5　be 助動詞 / have 助動詞 / do 助動詞 / 一般助動詞

9–3–6　一般助動詞

9–3–7　現在形と過去形しかない

9–3–8　助動詞

9–3–9　過去分詞形・ing 形

9–3–10　過去分詞形

9–3–11　動詞

9–3–12　過去分詞形

9–3–13　できない（ing 形はないから）

9–3–14　③

9–3–15　〜したに違いない（したか否か不明）/〜したに違いなかったのに（実際にはしなかった）/〜してしまっていなければいけない

9–3–16　なんらかの

9–3–17　一般助動詞→have 助動詞→進行形を作る be 助動詞→受身を作る be 助動詞の順番に並べる（一般 have 進行受動の順番）

9–3–18　I must have been being protected by some good fairy.

▶［黄リー教］p. 177

□□□□□□□□□□□□□□□□

9–4–1　誰が私のコップで飲んでいたの？

9–4–2　been drinking

9–4–3　現在形の助動詞が付いているから

9–4–4　疑問代名詞で主語

Who has been drinking from my cup?

 9–4–5 ing の可能性は？

 9–4–6 drinking はその中のどれか？

 9–4–7 been drinking は何番か？

 9–4–8 been drinking は何形か？

 9–4–9 been drinking を ing 形に変えなさい。

 9–4–10 ing 形を述語動詞にする方法は？

 9–4–11 been drinking を準動詞にしなさい。

 9–4–12 疑問文なのに、なぜ疑問文の語順でないのか？

 9–4–13 疑問詞の種類を言いなさい。

 9–4–14 疑問代名詞をすべて言いなさい。

 9–4–15 who の品詞をすべて言いなさい。

10–1 What time do you open your office?

10–2 Liz is being neat and clean today.

10–3 Japanese houses used to be mostly built of wood and paper.

10–4 Reference books are not to be taken out of the library.

10–5 She may have been reading yesterday.

 10–5–1 音読して、和訳しなさい。

 10–5–2 述語動詞は？

 10–5–3 have は何形か？

 10–5–4 have を過去分詞形に変えなさい。

 10–5–5 been reading は何形か？

 10–5–6 過去分詞の可能性は？

 10–5–7 been reading はその中のどれか？

 10–5–8 been reading は着物を着ているか、裸か？

 10–5–9 着物はどれか？

 10–5–10 been reading は何番か？

 10–5–11 yesterday の品詞は？

 10–5–12 副詞の働きは？

9–4–5　進行形・動名詞・現在分詞形容詞用法・分詞構文

9–4–6　進行形

9–4–7　①

9–4–8　過去分詞形

9–4–9　できない（ing 形はないから）

9–4–10　進行形にする

9–4–11　to be drinking

9–4–12　疑問詞が主語だから

9–4–13　疑問代名詞・疑問形容詞・疑問副詞

9–4–14　what・which・who・whom

9–4–15　疑問代名詞・関係代名詞

▶［黄リー教］p. 101（Q & A は本章 6–4 参照）

▶［黄リー教］p. 120（Q & A は本章 7–1 参照）

▶［黄リー教］p. 145（Q & A は本章 8–2 参照）

▶［黄リー教］p. 147（Q & A は本章 8–6 参照）

□□□□□□□□□□□□□□□□　　▶［黄リー教］p. 165

10–5–1　彼女は昨日本を読んでいたのかもしれない。

10–5–2　been reading

10–5–3　原形

10–5–4　変えられない（過去分詞形はないから）

10–5–5　過去分詞形

10–5–6　受身・完了・過去分詞形容詞用法・分詞構文

10–5–7　完了

10–5–8　着物を着ている

10–5–9　have

10–5–10　①

10–5–11　副詞

10–5–12　動詞修飾・形容詞修飾・他の副詞修飾・文修飾

She may have been reading yesterday.

10-5-13　may の品詞は？

10-5-14　may は何形か？

10-5-15　may を過去形に変えなさい。

10-5-16　may を原形に変えなさい。

10-5-17　may have p.p. の意味は？

10-5-18　reading は動名詞か、現在分詞か？

10-5-19　現在分詞の可能性は？

10-5-20　ing の可能性は？

10-5-21　ing 形の動詞を述語動詞にする方法は？

10-5-22　reading は着物を着ているか、裸か？

10-5-23　着物はどれか？

10-5-24　着物を着ている ing の可能性は？

10-5-25　裸の ing の可能性は？

10-5-26　着物を着ている現在分詞の可能性は？

10-5-27　裸の現在分詞の可能性は？

10-5-28　助動詞の 4 種類を言いなさい。

10-5-29　have 助動詞は何形の動詞に付くか？

10-5-30　ing 形の動詞で文を作る方法は？

10-6　Has this skirt been washed yet?

10-6-1　音読して、和訳しなさい。

10-6-2　述語動詞は？

10-6-3　なぜ述語動詞と言えるのか？

10-6-4　washed は何形か？

10-6-5　過去分詞の可能性は？

10-6-6　washed はその中のどれか？

10-6-7　washed は着物を着ているか、裸か？

10-6-8　着物はどれか？

10-6-9　be 助動詞は何形の動詞に付くか？

10-6-10　Has の品詞は？

10-6-11　Has は何形か？

10-6-12　Has を過去分詞形に変えなさい。

10-6-13　Has を過去形に変えなさい。

10–5–13　助動詞

10–5–14　現在形

10–5–15　might

10–5–16　変えられない（原形はないから）

10–5–17　〜したかもしれない（「過去に対する推量」も可）

10–5–18　現在分詞

10–5–19　進行形・現在分詞形容詞用法・分詞構文

10–5–20　進行形・動名詞・現在分詞形容詞用法・分詞構文

10–5–21　進行形にする

10–5–22　着物を着ている

10–5–23　been

10–5–24　進行形

10–5–25　動名詞・現在分詞形容詞用法・分詞構文

10–5–26　進行形

10–5–27　現在分詞形容詞用法・分詞構文

10–5–28　be 助動詞 / have 助動詞 / do 助動詞 / 一般助動詞

10–5–29　過去分詞形

10–5–30　進行形にする

□□□□□□□□□□□□□□□□　　　　　　　　　　▶［黄リー教］p. 168

10–6–1　このスカートはもう洗濯済みですか？

10–6–2　been washed

10–6–3　現在形の助動詞が付いているから

10–6–4　過去分詞形

10–6–5　受身・完了・過去分詞形容詞用法・分詞構文

10–6–6　受身

10–6–7　着物を着ている

10–6–8　been

10–6–9　過去分詞形・ing 形

10–6–10　助動詞

10–6–11　現在形

10–6–12　変えられない（過去分詞形はないから）

10–6–13　Had

Has this skirt been washed yet?

10–6–14 this の品詞と働きは？

10–6–15 been washed の品詞は？

10–6–16 been washed は何形か？

10–6–17 過去分詞の可能性の中のどれか？

10–6–18 been washed は着物を着ているか、裸か？

10–6–19 着物はどれか？

10–6–20 been は着物か、着物でないか？

10–6–21 been という着物を着ている動詞は？

10–6–22 yet の意味は？

10–6–23 skirt の人称と数は？

11–1 We had to break the door down because we had lost the key.

11–1–1 音読して、和訳しなさい。

11–1–2 述語動詞は？

11–1–3 大黒柱は？

11–1–4 大黒柱とは？

11–1–5 副詞節を作る語は？

11–1–6 外側の 3 要素とは？

11–1–7 because の品詞は？

11–1–8 because が作る従属節の外側は？

11–1–9 従属接続詞の後にはどんな文が続くか？

11–1–10 had to の品詞は？

11–1–11 had to を過去分詞形に変えなさい。

11–1–12 had to を ing 形に変えなさい。

11–1–13 had to を否定形にしなさい。

11–1–14 had to の否定形の意味は？

11–1–15 door の働きは？

11–1–16 down の品詞は？

11–1–17 lost は何形か？

11–1–18 2 番目の had を過去分詞形に変えなさい。

10–6–14 形容詞で名詞修飾

10–6–15 動詞

10–6–16 過去分詞形

10–6–17 完了

10–6–18 着物を着ている

10–6–19 Has

10–6–20 着物である

10–6–21 washed

10–6–22 もう、すでに

10–6–23 3 人称、単数

□□□□□□□□□□□□□□□□□ ▶［黄リー教］p. 195

11–1–1 我々は、鍵をなくしてしまったので、ドアを壊さなければならなかった。

11–1–2 break, lost

11–1–3 break

11–1–4 主節の述語動詞

11–1–5 従属接続詞（that・if・whether も含む）/ 関係詞 -ever

11–1–6 範囲・品詞・働き（どこからどこまでが、何節で、どんな働きをしているか）

11–1–7 従属接続詞

11–1–8 because から key までが副詞節で動詞修飾

11–1–9 完全な文

11–1–10 助動詞

11–1–11 had to

11–1–12 having to

11–1–13 didn't have to（had not to は少ない）

11–1–14 する必要はなかった

11–1–15 動詞の目的語

11–1–16 副詞

11–1–17 過去分詞形

11–1–18 変えられない（過去分詞形はないから）

We had to break the door down because we had lost the key.

    11–1–19　完全な文とは何か？

    11–1–20　従属接続詞の働きは？

11–2　If the float moves, there is probably a fish on the hook.

    11–2–1　音読して、和訳しなさい。

    11–2–2　述語動詞は？

    11–2–3　大黒柱は？

    11–2–4　この英文は単文か、複文か、重文か？

    11–2–5　If の品詞は？

    11–2–6　if は何節を作るか？

    11–2–7　外側の 3 要素とは？

    11–2–8　If が作る従属節の外側は？

    11–2–9　moves は何番か？

    11–2–10　there の品詞は？

    11–2–11　名詞節を作る if の意味は？

    11–2–12　副詞節を作る if の意味は？

    11–2–13　is は何番か？

    11–2–14　is の主語は？

    11–2–15　probably の働きは？

    11–2–16　on the hook の品詞と働きは？

    11–2–17　従属接続詞の後にはどんな文が続くか？

    11–2–18　従属接続詞の働きは？

    11–2–19　副詞節を作る語は？

    11–2–20　大黒柱とは？

    11–2–21　完全な文とは何か？

    11–2–22　複文とは何か？

11–3　They will have built a bridge across the river by the time you visit the place.

    11–3–1　音読して、和訳しなさい。

11–1–19 主語・動詞の目的語・前置詞の目的語・補語の点で足りない要素がない文

11–1–20 副詞節を作る、ただし that・if・whether は名詞節も作る

□□□□□□□□□□□□□□□□□□ ▶［黄リー教］p. 195

11–2–1 もし浮きが動いたら、おそらく魚が針にかかっているでしょう。

11–2–2 moves, is

11–2–3 is

11–2–4 複文

11–2–5 従属接続詞

11–2–6 副詞節・名詞節

11–2–7 範囲・品詞・働き（どこからどこまでが、何節で、どんな働きをしているか）

11–2–8 If から moves までが副詞節で動詞修飾

11–2–9 ①

11–2–10 誘導副詞

11–2–11 〜かどうか

11–2–12 もしも

11–2–13 ①

11–2–14 fish

11–2–15 文修飾

11–2–16 副詞句で動詞修飾

11–2–17 完全な文

11–2–18 副詞節を作る、ただし that・if・whether は名詞節も作る

11–2–19 従属接続詞（that・if・whether も含む）・関係詞 -ever

11–2–20 主節の述語動詞

11–2–21 主語・動詞の目的語・前置詞の目的語・補語の点で足りない要素がない文

11–2–22 従属節を含んだ英文

□□□□□□□□□□□□□□□□□□ ▶［黄リー教］p. 196　Lesson 16–8

11–3–1 あなたがその場所を訪れるときまでには、川に橋がかけられているでしょう。

They will have built a bridge across the river by the time you visit the place.

11–3–2 述語動詞は？

11–3–3 大黒柱は？

11–3–4 準動詞は？

11–3–5 visit はなぜ述語動詞と言えるのか？

11–3–6 なぜ現在形と言えるのか？

11–3–7 原形動詞を使うところは？

11–3–8 will の品詞は？

11–3–9 will は何形か？

11–3–10 will を過去形に変えなさい。

11–3–11 will を原形に変えなさい。

11–3–12 have の品詞は？

11–3–13 have は何形か？

11–3–14 built は何形か？

11–3–15 built の活用を言いなさい。

11–3–16 built は何番か？

11–3–17 river の働きは？

11–3–18 by the time の品詞は？

11–3–19 従属接続詞の働きは？

11–3–20 by the time が作る従属節の外側は？

11–3–21 will visit にしてもよいか？

11–3–22 なぜか？

11–3–23 副詞節を作る語は？

11–4 So many African elephants have been shot that the species has almost been killed off.

11–4–1 音読して、和訳しなさい。

11–4–2 述語動詞は？

11–4–3 大黒柱は？

11–4–4 大黒柱とは？

11–4–5 準動詞は？

11–4–6 2つの been の品詞は？

11–3–2　built, visit

11–3–3　built

11–3–4　ない

11–3–5　現在形だから

11–3–6　visit は原形か現在形で、原形を使う場所のいずれでもないから

11–3–7　to の後 / do 助動詞・一般助動詞の後 / 命令文 / make・have・let などの
　　　　補語 / 仮定法現在

11–3–8　助動詞

11–3–9　現在形

11–3–10　would

11–3–11　変えられない（原形はないから）

11–3–12　助動詞

11–3–13　原形

11–3–14　過去分詞形

11–3–15　build – built – built

11–3–16　③

11–3–17　前置詞の目的語

11–3–18　従属接続詞

11–3–19　副詞節を作る、ただし that・if・whether は名詞節も作る

11–3–20　by the time から place までが副詞節で動詞修飾

11–3–21　してはいけない

11–3–22　時・条件を表す副詞節の中では単純未来は現在形で表すから

11–3–23　従属接続詞（that・if・whether も含む）・関係詞 -ever

□□□□□□□□□□□□□□□□□　　　　　▶［黄リー教］p. 196　Lesson 16–1

11–4–1　非常に多くのアフリカ象が射殺されてしまったので、この種はほとん
　　　　ど絶滅に瀕している。

11–4–2　been shot, been killed

11–4–3　been shot

11–4–4　主節の述語動詞

11–4–5　ない

11–4–6　助動詞

So many African elephants have been shot that the species has almost been killed off.

11–4–7　be 助動詞は何形の動詞に付くか？

11–4–8　shot は何形か？

11–4–9　過去分詞形の動詞をすべて指摘せよ。

11–4–10　過去分詞を述語動詞にする方法は？

11–4–11　名詞の基本的働きは？

11–4–12　species の働きは？

11–4–13　that の品詞は？

11–4–14　that が作る従属節の外側は？

11–4–15　過去分詞の可能性は？

11–4–16　been shot はその中のどれか？

11–4–17　been shot は何番か？

11–4–18　従属接続詞の that は何節を作るか？

11–4–19　副詞節を作る語は？

11–4–20　killed は過去分詞の可能性の中のどれか？

11–4–21　shot の活用を言いなさい。

11–4–22　off の品詞は？

11–4–23　副詞の働きは？

11–4–24　off はその中のどれか？

11–4–25　一般的に活用形を順番に全部言いなさい。

11–5　Unless I'm mistaken, I've seen that man before.

11–5–1　音読して、和訳しなさい。

11–5–2　述語動詞は？

11–5–3　大黒柱は？

11–5–4　大黒柱とは？

11–5–5　この英文は単文か、複文か、重文か？

11–5–6　複文とは何か？

11–5–7　この英文中の従属節の外側を言いなさい。

11–5–8　mistaken の品詞と働きは？

11–5–9　that の品詞と働きは？

11–5–10　before の品詞と働きは？

11–5–11　過去分詞の可能性は？

11–5–12　seen はその中のどれか？

11–4–7 　過去分詞形・ing 形

11–4–8 　過去分詞形

11–4–9 　been shot, shot, been killed, killed

11–4–10 　受身か完了にする

11–4–11 　主語・動詞の目的語・前置詞の目的語・補語

11–4–12 　（構造上の）主語

11–4–13 　従属接続詞

11–4–14 　that から off までが副詞節で So にかかる

11–4–15 　受身・完了・過去分詞形容詞用法・分詞構文

11–4–16 　完了

11–4–17 　－③

11–4–18 　名詞節・副詞節

11–4–19 　従属接続詞（that・if・whether も含む）・関係詞 -ever

11–4–20 　受身

11–4–21 　shoot – shot – shot

11–4–22 　副詞

11–4–23 　動詞修飾・形容詞修飾・他の副詞修飾・文修飾

11–4–24 　動詞修飾

11–4–25 　原形・現在形・過去形・過去分詞形・ing 形

□□□□□□□□□□□□□□□ ▶［黄リー教］p. 198

11–5–1 　私が間違っていない限り、あの男を前に見たことがある。

11–5–2 　am, seen

11–5–3 　seen

11–5–4 　主節の述語動詞

11–5–5 　複文

11–5–6 　従属節を含んだ英文

11–5–7 　Unless から mistaken までが副詞節で動詞修飾

11–5–8 　形容詞で補語

11–5–9 　形容詞で名詞修飾

11–5–10 　副詞で動詞修飾

11–5–11 　受身・完了・過去分詞形容詞用法・分詞構文

11–5–12 　完了

Unless I'm mistaken, I've seen that man before.

11–5–13　seen はなぜ述語動詞と言えるのか？

11–5–14　seen の活用を言いなさい。

11–5–15　I've は何の短縮形か？

11–5–16　Unless の品詞は？

11–5–17　Unless の意味は？

11–5–18　従属接続詞の働きは？

11–5–19　副詞節を作る語は？

11–5–20　従属接続詞の後にはどんな文が続くか？

11–5–21　完全な文とは何か？

11–6　I got up early so that I could catch the first train.

11–6–1　音読して、和訳しなさい。

11–6–2　述語動詞は？

11–6–3　大黒柱は？

11–6–4　準動詞は？

11–6–5　この英文中の従属節の外側を言いなさい。

11–6–6　got は何形か？

11–6–7　got の活用を言いなさい。

11–6–8　got は何番か？

11–6–9　catch はなぜ述語動詞と言えるのか？

11–6–10　catch は何形か？

11–6–11　なぜそう言えるのか？

11–6–12　catch は何番か？

11–6–13　原形動詞を使うところは？

11–6–14　could を過去分詞形に変えなさい。

11–6–15　so that の品詞は？

11–6–16　so that S＋V の意味を言いなさい。

11–6–17　助動詞の種類は？

11–6–18　一般助動詞の活用の特徴は？

11–6–19　従属接続詞の後にはどんな文が続くか？

11–5–13　現在形の助動詞が付いているから

11–5–14　see – saw – seen

11–5–15　I have

11–5–16　従属接続詞

11–5–17　〜でない限り

11–5–18　副詞節を作る、ただし that・if・whether は名詞節も作る

11–5–19　従属接続詞（that・if・whether も含む）・関係詞 -ever

11–5–20　完全な文

11–5–21　主語・動詞の目的語・前置詞の目的語・補語の点で足りない要素がない文

□□□□□□□□□□□□□□□□　▶［黄リー教］p. 198

11–6–1　私は始発列車に乗れるように早起きをした。

11–6–2　got, catch

11–6–3　got

11–6–4　ない

11–6–5　so that から train までが副詞節で動詞修飾

11–6–6　過去形

11–6–7　get – got – got または gotten

11–6–8　①

11–6–9　過去形の助動詞が付いているから

11–6–10　原形

11–6–11　一般助動詞が付いているから

11–6–12　③

11–6–13　to の後 / do 助動詞・一般助動詞の後 / 命令文 / make・have・let などの補語 / 仮定法現在

11–6–14　変えられない（過去分詞形はないから）

11–6–15　従属接続詞

11–6–16　S が V するように（ために）/ その結果 S が V する

11–6–17　be 助動詞 / have 助動詞 / do 助動詞 / 一般助動詞

11–6–18　現在形と過去形しかない

11–6–19　完全な文

I got up early so that I could catch the first train.

11–6–20　完全な文とは何か？

11–6–21　従属接続詞の働きは？

11–6–22　副詞節を作る語は？

12–1　Ichiro joining us, we would be able to win the game.

12–1–1　音読して、和訳しなさい。

12–1–2　述語動詞は？

12–1–3　大黒柱は？

12–1–4　準動詞は？

12–1–5　述語動詞とは？

12–1–6　準動詞とは？

12–1–7　この英文は単文か、複文か、重文か？

12–1–8　joining はなぜ準動詞か？

12–1–9　be はなぜ述語動詞か？

12–1–10　ing 形の可能性は？

12–1–11　ing 形は大きく 2 つに分けると何と何か？

12–1–12　裸の ing の可能性は？

12–1–13　着物を着ている ing の可能性は？

12–1–14　Ichiro の働きは？

12–1–15　joining の「前の品詞」は？

12–1–16　joining の「前の働き」は？

12–1–17　joining は何番か？

12–1–18　joining の「後の働き」は？

12–1–19　分詞構文に「意味上の主語」を付けるときはどのようにするか？

12–1–20　分詞構文が表す意味は？

12–1–21　joining はその中のどれか？

12–1–22　would を現在形に変えなさい。

12–1–23　able の品詞と働きは？

12–1–24　win は何形か？

12–1–25　なぜそう言えるのか？

142

11–6–20　主語・動詞の目的語・前置詞の目的語・補語の点で足りない要素がない文

11–6–21　副詞節を作る、ただし that・if・whether は名詞節も作る

11–6–22　従属接続詞（that・if・whether も含む）・関係詞 -ever

□□□□□□□□□□□□□□□□　　　　　　　　　▶［黄リー教］p. 226

12–1–1　イチローが私たちに加わってくれれば、試合に勝てるだろうに。

12–1–2　be

12–1–3　ない（従属節がないから、主節もなく、したがって「主節の述語動詞」もない）

12–1–4　joining, to win

12–1–5　構造上の主語を伴って文を作る動詞

12–1–6　構造上の主語を伴わないので文は作れないが、その代わり名詞・形容詞・副詞の働きを兼ねる動詞

12–1–7　単文

12–1–8　裸の ing だから

12–1–9　過去形の助動詞が付いているから

12–1–10　進行形・動名詞・現在分詞形容詞用法・分詞構文

12–1–11　動名詞と現在分詞

12–1–12　動名詞・現在分詞形容詞用法・分詞構文

12–1–13　進行形

12–1–14　意味上の主語

12–1–15　副詞

12–1–16　文修飾

12–1–17　③

12–1–18　③

12–1–19　直前に主格の名詞・代名詞を置く

12–1–20　時・理由・条件・譲歩・付帯状況・言い換え

12–1–21　条件

12–1–22　will

12–1–23　形容詞で補語

12–1–24　原形

12–1–25　to の後だから

Ichiro joining us, we would be able to win the game.

12–1–26 「to 原形動詞」の可能性は？

12–1–27 to win の「前の品詞と働き」は？

12–1–28 to win は何番か？

12–1–29 to win は不定詞の何用法か？

12–1–30 現在分詞の可能性は？

12–1–31 裸の現在分詞の可能性は？

12–1–32 この英文を複文に書き換えなさい。

12–1–33 なぜ過去形 would を使っているのか？

12–2 He is too wise not to see the reason.

12–2–1 音読して、直訳しなさい。

12–2–2 意訳しなさい。

12–2–3 述語動詞は？

12–2–4 準動詞は

12–2–5 述語動詞とは？

12–2–6 準動詞とは？

12–2–7 大黒柱は？

12–2–8 too の品詞と働きは？

12–2–9 too の意味は？

12–2–10 not の働きは？

12–2–11 どの動詞か？

12–2–12 to see の「前の品詞と働き」は？

12–2–13 どの副詞か？

12–2–14 to see は何番か？

12–2–15 wise の働きは？

12–3 The work not having been done, they could not go home.

12–3–1 音読して、和訳しなさい。

12–3–2 述語動詞は？

12–3–3 準動詞は？

12–1–26 助動詞の一部＋述語動詞・不定詞名詞用法・不定詞形容詞用法・不定詞副詞用法

12–1–27 副詞で形容詞修飾

12–1–28 動詞で③

12–1–29 副詞用法

12–1–30 進行形・現在分詞形容詞用法・分詞構文

12–1–31 現在分詞形容詞用法・分詞構文

12–1–32 If Ichiro joined us, we would be able to win the game.

12–1–33 仮定法過去だから

□□□□□□□□□□□□□□□□□ ▶［黄リー教］p. 228

12–2–1 彼は、その理由がわからないにしては賢すぎる。

12–2–2 彼は非常に賢いから、その理由がわからないはずはない。

12–2–3 is

12–2–4 to see

12–2–5 構造上の主語を伴って文を作る動詞

12–2–6 構造上の主語を伴わないので文は作れないが、その代わり名詞・形容詞・副詞の働きを兼ねる動詞

12–2–7 ない（従属節がないから、主節もなく、したがって「主節の述語動詞」もない）

12–2–8 副詞で形容詞修飾

12–2–9 過度に、〜すぎる

12–2–10 動詞修飾

12–2–11 to see

12–2–12 副詞で他の副詞修飾

12–2–13 too

12–2–14 ③

12–2–15 補語

□□□□□□□□□□□□□□□□□ ▶［黄リー教］p. 228

12–3–1 仕事が終わっていなかったので、彼らは帰宅できなかった。

12–3–2 go

12–3–3 having been done

The work not having been done, they could not go home.

12–3–4 done の品詞は？

12–3–5 done は何形か？

12–3–6 been done の品詞は？

12–3–7 been done は何形か？

12–3–8 過去分詞の可能性は

12–3–9 done はその中のどれか？

12–3–10 been done はその中のどれか？

12–3–11 最初の not の品詞と働きは？

12–3–12 どの動詞か？

12–3–13 having の品詞は？

12–3–14 having を過去分詞形に変えなさい。

12–3–15 having been done はなぜ準動詞か？

12–3–16 having been done を文法用語で呼びなさい。

12–3–17 having been done の「前の品詞と働き」は？

12–3–18 having been done は何番か？

12–3–19 分詞構文が表す意味は？

12–3–20 having been done はその中のどれか？

12–3–21 work の働きは？

12–3–22 home の品詞と働きは？

12–3–23 なぜ過去形 could を使っているのか？

12–3–24 ing 形の助動詞をすべて指摘せよ。

12–3–25 過去分詞形の動詞をすべて指摘せよ。

12–3–26 過去形の助動詞をすべて指摘せよ。

12–3–27 過去分詞形の助動詞をすべて指摘せよ。

12–3–28 ing 形の動詞をすべて指摘せよ。

12–3–29 原形の動詞をすべて指摘せよ。

12–3–30 分詞構文に「意味上の主語」を付けるときはどのようにするか？

12–3–31 この英文を複文に書き換えなさい。

12–4　There being a curve in the road, you cannot see her house from here.

12–4–1 音読して、和訳しなさい。

12–4–2 述語動詞は？

12–4–3 なぜ述語動詞と言えるのか？

12–3–4 　動詞

12–3–5 　過去分詞形

12–3–6 　動詞

12–3–7 　過去分詞形

12–3–8 　受身・完了・過去分詞形容詞用法・分詞構文

12–3–9 　受身

12–3–10 　完了

12–3–11 　副詞で動詞修飾

12–3–12 　having been done

12–3–13 　助動詞

12–3–14 　変えられない（過去分詞形はないから）

12–3–15 　裸の ing だから

12–3–16 　完了受身分詞構文

12–3–17 　副詞で文修飾

12–3–18 　－③

12–3–19 　時・理由・条件・譲歩・付帯状況・言い換え

12–3–20 　理由

12–3–21 　意味上の主語

12–3–22 　副詞で動詞修飾

12–3–23 　直説法過去だから

12–3–24 　having

12–3–25 　been done, done

12–3–26 　could

12–3–27 　been

12–3–28 　having been done

12–3–29 　go

12–3–30 　直前に主格の名詞・代名詞を置く

12–3–31 　As the work had not been done, they could not go home.

□□□□□□□□□□□□□□□□　　　　　　　　　　　▶［黄リー教］p. 229

12–4–1 　道が曲がっているので、ここからは彼女の家は見えない。

12–4–2 　see

12–4–3 　現在形の助動詞が付いているから

There being a curve in the road, you cannot see her house from here.

12–4–4　準動詞は？

12–4–5　なぜ準動詞と言えるのか？

12–4–6　There の品詞は？

12–4–7　curve の働きは？

12–4–8　see は何形か？

12–4–9　see は何番か？

12–4–10　see の活用は？

12–4–11　here の品詞は？

12–4–12　here の働きは？

12–4–13　can の否定形は？

12–4–14　being は動名詞か、現在分詞か？

12–4–15　裸の ing の「前の品詞」は？

12–4–16　being の「前の品詞と働き」は？

12–4–17　being は何番か？

12–4–18　分詞構文が表す意味は？

12–4–19　being はその中のどれか？

12–4–20　なぜ「意味上の主語」が分詞構文の後に置かれているのか？

12–4–21　being を動名詞として There being a curve in the road を訳しなさい。

12–4–22　この英文を複文に書き換えなさい。

12–5　He was standing there, his hat in his hand.

12–5–1　音読して、和訳しなさい。

12–5–2　述語動詞は？

12–5–3　なぜ述語動詞と言えるのか？

12–5–4　準動詞は？

12–5–5　名詞が余ったときの考え方は？

12–5–6　hat の働きは？

12–5–7　in his hand の品詞と働きは？

12–5–8　どの動詞か？

12–5–9　was standing は何番か？

12–5–10　ing の可能性は？

12–5–11　standing は動名詞か、現在分詞か？

148

12–4–4　being

12–4–5　裸の ing だから

12–4–6　誘導副詞

12–4–7　意味上の主語

12–4–8　原形

12–4–9　③

12–4–10　see – saw – seen

12–4–11　副詞

12–4–12　前置詞の目的語

12–4–13　cannot・can't

12–4–14　現在分詞

12–4–15　名詞・形容詞・副詞

12–4–16　副詞で文修飾

12–4–17　①

12–4–18　時・理由・条件・譲歩・付帯状況・言い換え

12–4–19　理由

12–4–20　誘導副詞の there が「意味上の主語」の位置に置かれるから

12–4–21　道にカーブがあること

12–4–22　As there is a curve in the road, you cannot see her house from here.

□□□□□□□□□□□□□□□□□□　　　　　　　　▶[黄リー教] p. 230

12–5–1　彼は、帽子を手に持って、そこに立っていた。

12–5–2　was standing

12–5–3　過去形だから

12–5–4　hat と in の間に省略されている being

12–5–5　同格・副詞的目的格・being が省略された分詞構文のどれだろうと考える

12–5–6　意味上の主語

12–5–7　副詞句で動詞修飾

12–5–8　hat と in の間に省略されている being

12–5–9　①

12–5–10　進行形・動名詞・現在分詞形容詞用法・分詞構文

12–5–11　現在分詞

He was standing there, his hat in his hand.

12–5–12　現在分詞の可能性は？

12–5–13　standing はその中のどれか？

12–5–14　省略されている being はその中のどれか？

12–5–15　standing は述語動詞か準動詞か？

12–5–16　なぜそうなのか？

12–5–17　省略されている being の「前の品詞と働き」は？

12–5–18　省略されている being は何番か？

12–5–19　his hat in his hand を直訳しなさい。

12–5–20　分詞構文が表す意味は？

12–5–21　省略されている being はその中のどれか？

12–5–22　コンマの代わりに 1 語を置ける。それは何か？

12–6　I am proud to have been able to help you.

12–6–1　音読して、和訳しなさい。

12–6–2　述語動詞は？

12–6–3　準動詞は？

12–6–4　have の品詞は？

12–6–5　have は何形か？

12–6–6　have を過去分詞形に変えなさい。

12–6–7　一般的に been の可能性を全部言いなさい。

12–6–8　been はその中のどれか？

12–6–9　to help の「前の品詞と働き」は？

12–6–10　proud の品詞と働きは？

12–6–11　to have been の「前の品詞と働き」は？

12–6–12　to have been は何番か？

12–6–13　to have been を文法用語で呼びなさい。

12–6–14　「構造上の主語＋述語動詞」を指摘せよ。

12–6–15　「意味上の主語＋準動詞」を指摘せよ。

12–6–16　原形動詞を使うところは？

12–6–17　help はその中のどれか？

12–6–18　able の品詞と働きは？

150

12–5–12　進行形・現在分詞形容詞用法・分詞構文

12–5–13　進行形

12–5–14　分詞構文

12–5–15　述語動詞

12–5–16　過去形の助動詞が付いているから

12–5–17　副詞で文修飾

12–5–18　①

12–5–19　彼の帽子が彼の手の中にある状態で

12–5–20　時・理由・条件・譲歩・付帯状況・言い換え

12–5–21　付帯状況

12–5–22　with（with 構文を作る「付帯状況の with」）

□□□□□□□□□□□□□□□□□　　　　▶［黄リー教］p. 230　Lesson 16–2

12–6–1　私はあなたのお手伝いができて誇らしく思います。

12–6–2　am

12–6–3　to have been, to help

12–6–4　助動詞

12–6–5　原形

12–6–6　変えられない（過去分詞形はないから）

12–6–7　①の過去分詞で完了 / ②の過去分詞で完了 / been p.p. は受身の動詞の過去分詞で完了 / been -ing は進行形の動詞の過去分詞で完了

12–6–8　②の過去分詞で完了

12–6–9　副詞で形容詞修飾

12–6–10　形容詞で補語

12–6–11　副詞で形容詞修飾

12–6–12　②

12–6–13　完了不定詞副詞用法

12–6–14　I am

12–6–15　I … to have been / I … to help

12–6–16　to の後 / do 助動詞・一般助動詞の後 / 命令文 / make・have・let などの補語 / 仮定法現在

12–6–17　to の後

12–6–18　形容詞で補語

I am proud to have been able to help you.

12-6-19 完了準動詞の形を全部言いなさい。

12-6-20 完了準動詞の種類を全部言いなさい。

....

12–7　Having been studying since school finished, she didn't answer the telephone.

12–7–1　音読して、和訳しなさい。

12–7–2　述語動詞は？

12–7–3　準動詞は？

12–7–4　大黒柱は？

12–7–5　この英文中の従属節の外側を言いなさい。

12–7–6　外側の 3 要素とは？

12–7–7　since の品詞は？

12–7–8　従属接続詞の後にはどんな文が続くか？

12–7–9　従属接続詞の働きは？

12–7–10　副詞節を作る語は？

12–7–11　Having been studying の「前の品詞と働き」は？

12–7–12　Having been studying は何番か？

12–7–13　finished は何番か？

12–7–14　school の働きは？

12–7–15　answer は何番か？

12–7–16　過去分詞形の動詞をすべて指摘せよ。

12–7–17　一般的に been の可能性を全部言いなさい。

12–7–18　been はその中のどれか？

12–7–19　studying は ing の可能性の中のどれか？

12–7–20　原形の動詞をすべて指摘せよ。

12–7–21　過去形の動詞をすべて指摘せよ。

12–7–22　過去形の助動詞をすべて指摘せよ。

12–7–23　過去分詞形の助動詞をすべて指摘せよ。

12–7–24　ing 形の動詞をすべて指摘せよ。

12–7–25　ing 形の助動詞をすべて指摘せよ。

12–7–26　完了準動詞の形を全部言いなさい。

12–6–19　to have p.p. / having p.p.

12–6–20　完了不定詞 / 完了動名詞 / 完了現在分詞形容詞用法 / 完了分詞構文

□□□□□□□□□□□□□□□□　　　　　▶［黄リー教］p. 230

12–7–1　彼女は、学校が終わってからずっと勉強していたので、電話に出なかった。

12–7–2　finished, answer

12–7–3　Having been studying

12–7–4　answer

12–7–5　since から finished までが副詞節で動詞修飾

12–7–6　範囲・品詞・働き（どこからどこまでが、何節で、どんな働きをしているか）

12–7–7　従属接続詞

12–7–8　完全な文

12–7–9　副詞節を作る、ただし that・if・whether は名詞節も作る

12–7–10　従属接続詞（that・if・whether も含む）・関係詞 -ever

12–7–11　副詞で動詞修飾

12–7–12　①

12–7–13　①

12–7–14　（構造上の）主語

12–7–15　③

12–7–16　been studying

12–7–17　①の過去分詞で完了 / ②の過去分詞で完了 / been p.p. は受身の動詞の過去分詞で完了 / been -ing は進行形の動詞の過去分詞で完了

12–7–18　been -ing は進行形の動詞の過去分詞で完了

12–7–19　進行形

12–7–20　answer

12–7–21　finished

12–7–22　did

12–7–23　been

12–7–24　Having been studying, studying

12–7–25　Having

12–7–26　to have p.p. / having p.p.

Having been studying since school finished, she didn't answer the telephone.

12–7–27 完了準動詞の種類を全部言いなさい。

12–7–28 Having been studying はその中のどれか？

12–7–29 分詞構文が表す意味は？

12–7–30 Having been studyng はその中のどれか？

12–8 **My folks didn't come over on the Mayflower, but they were there to meet the boat.**

12–8–1 音読して、和訳しなさい。

12–8–2 述語動詞は？

12–8–3 準動詞は？

12–8–4 大黒柱は？

12–8–5 この英文は単文か複文か重文か？

12–8–6 come は何形か？

12–8–7 なぜそう言えるのか？

12–8–8 come は何番か？

12–8–9 over の品詞は？

12–8–10 but の品詞は？

12–8–11 but の意味は？

12–8–12 to meet の「前の品詞と働き」は？

12–8–13 to meet は何番か？

12–8–14 do 助動詞の活用の特徴は？

12–8–15 do 助動詞が原形になるのはどういう場合か？

12–8–16 do 助動詞を使った命令文はどういう形か？

12–8–17 do 助動詞と一緒に使える他の助動詞は何か？

12–8–18 do 助動詞を他の助動詞と並べるのはどういう場合か？

13–1 **We can forgive those who bore us but we cannot forgive those whom we bore.**

13–1–1 音読して、直訳しなさい。

13–1–2 意訳しなさい。

13–1–3 述語動詞は？

□□□□□□□□□□□□□□□□　　　　　　　　　　▶［黄リ‐教］p. 231

12–8–1　私の先祖はメイフラワー号に乗ってやってこなかった。そうではなくて、メイフラワー号を出迎えるためにそこにいたのである。

12–8–2　come, were

12–8–3　to meet

12–8–4　ない（従属節がないから、主節もなく、したがって「主節の述語動詞」もない）

12–8–5　重文

12–8–6　原形

12–8–7　do 助動詞が付いているから

12–8–8　①

12–8–9　副詞

12–8–10　等位接続詞

12–8–11　そうではなくて

12–8–12　副詞で動詞修飾

12–8–13　③

12–8–14　過去分詞形と ing 形がない

12–8–15　命令文の場合

12–8–16　Do 原形動詞. / Don't 原形動詞.

12–8–17　be 助動詞

12–8–18　Do be -ing / Do be p.p. / Don't be -ing / Don't be p.p. の場合

□□□□□□□□□□□□□□□□□□　　　　　　　　　▶［黄リ‐教］p. 255

13–1–1　我々は、我々を退屈させる人々は許せるが、我々が退屈させる人々は許せない。

13–1–2　我々は退屈な人は許せるが、我々を退屈だと思う人のことは許せない。

13–1–3　forgive, bore, forgive, bore

We can forgive those who bore us but we cannot forgive those whom we bore.

   13–1–4　大黒柱は？

   13–1–5　準動詞は？

   13–1–6　but の品詞は？

   13–1–7　who の品詞は？

   13–1–8　whom の品詞は？

   13–1–9　関係代名詞の「内側の働き」は？

   13–1–10　who の働きは？

   13–1–11　whom の働きは？

   13–1–12　who が表す意味を日本語で言いなさい。

   13–1–13　whom が表す意味を日本語で言いなさい。

   13–1–14　bore の品詞は？

   13–1–15　bore は何形か？

   13–1–16　bore の活用を言いなさい。

   13–1–17　bore は何番か？

   13–1–18　2 番目の bore の目的語は？

   13–1–19　forgive は何形か？

   13–1–20　forgive は何番か？

   13–1–21　those の意味を言いなさい。

   13–1–22　whom we bore が表す意味を日本語で言いなさい。

   13–1–23　those whom we bore を和訳しなさい。

   13–1–24　なぜ whom を訳さないのか？

   13–1–25　なぜ we に「が」を付けて訳すのか？

13–2　I know the man you came in with.

   13–2–1　音読して、直訳しなさい。

   13–2–2　意訳しなさい。

   13–2–3　述語動詞は？

   13–2–4　準動詞は？

   13–2–5　大黒柱は？

   13–2–6　know はなぜ述語動詞と言えるのか？

   13–2–7　なぜ現在形とわかるのか？

   13–2–8　原形動詞を使うところは？

13-1-4　2 つの forgive

13-1-5　ない

13-1-6　等位接続詞

13-1-7　関係代名詞

13-1-8　関係代名詞

13-1-9　主語・動詞の目的語・前置詞の目的語・補語

13-1-10　（構造上の）主語

13-1-11　動詞の目的語

13-1-12　その人々は

13-1-13　その人々を

13-1-14　動詞

13-1-15　現在形

13-1-16　bore – bored – bored

13-1-17　③

13-1-18　whom

13-1-19　原形

13-1-20　③

13-1-21　人々

13-1-22　その人々を我々は退屈させる

13-1-23　我々が退屈させる人々

13-1-24　関係代名詞は日本語にないから

13-1-25　形容詞節内の主語は「が」を付けて訳すから

□□□□□□□□□□□□□□□□　　　　　　▶[黄リー教] p. 256

13-2-1　私はあなたが一緒に入ってきた男の人を知っています。

13-2-2　私はあなたと一緒に入ってきた男の人を知っています。

13-2-3　know, came

13-2-4　ない

13-2-5　know

13-2-6　現在形だから

13-2-7　know は原形か現在形で、原形を使う場所のいずれでもないから

13-2-8　to の後 / do 助動詞・一般助動詞の後 / 命令文 / make・have・let などの
　　　　補語 / 仮定法現在

I know the man you came in with.

13–2–9　この英文中の従属節の外側を言いなさい。

13–2–10　形容詞節を作る語は？

13–2–11　in の品詞は？

13–2–12　with の品詞は？

13–2–13　with の目的語は？

13–2–14　man と with はどういう構造上の関係があるか？

13–2–15　なぜか？

13–2–16　この英文を語順のままに前から読みなさい。

13–2–17　関係代名詞を省略できるのはどういう場合か？

13–2–18　関係代名詞を省略しないとどういう英文になるか？

13–3　I met a sentence the meaning of which I could not understand.

13–3–1　音読して、和訳しなさい。

13–3–2　述語動詞は？

13–3–3　大黒柱は？

13–3–4　準動詞は？

13–3–5　understand はなぜ述語動詞と言えるのか？

13–3–6　understand は何形か？

13–3–7　なぜ原形だとわかるのか？

13–3–8　原形動詞を使うところは？

13–3–9　which の品詞と働きは？

13–3–10　which の中身を英語で言いなさい。

13–3–11　the meaning of which の意味を日本語で言いなさい。

13–3–12　which が作る従属節の外側は？

13–3–13　形容詞節を作る語は？

13–3–14　understand は何番か？

13–3–15　understand の目的語は？

13–3–16　a sentence と the meaning の関係は？

13–2–9　you から with までが形容詞節で名詞修飾

13–2–10　関係詞、ただし「what」と「関係詞 -ever」と「先行詞が省略された関係副詞」は除く

13–2–11　副詞

13–2–12　前置詞

13–2–13　man と you の間に省略された関係代名詞の whom

13–2–14　関係ない

13–2–15　内外断絶しているから

13–2–16　I know the man→私は男を知っている→you came in with→あなたは一緒に入ってきた

13–2–17　制限用法で、形容詞節の先頭にあり、内側で「動詞の目的語」か「前置詞の目的語」になっている場合

13–2–18　I know the man who you came in with.
　　　　　I know the man with whom you came in.

□□□□□□□□□□□□□□□□□□　▶［黄リー教］p. 257　Lesson 16–4

13–3–1　私は意味を理解できない文に出会った。

13–3–2　met, understand

13–3–3　met

13–3–4　ない

13–3–5　過去形の助動詞が付いているから

13–3–6　原形

13–3–7　一般助動詞が付いているから

13–3–8　to の後 / do 助動詞・一般助動詞の後 / 命令文 / make・have・let などの補語 / 仮定法現在

13–3–9　関係代名詞で「前置詞の目的語」

13–3–10　the sentence

13–3–11　その文の意味

13–3–12　the から understand までが形容詞節で sentence にかかる

13–3–13　関係詞、ただし「what」と「関係詞 -ever」と「先行詞が省略された関係副詞」は除く

13–3–14　③

13–3–15　meaning

13–3–16　関係ない

I met a sentence the meaning of which I could not understand.

13–3–17　なぜか？

13–3–18　of which の品詞と働きは？

13–3–19　which は省略できるか？

13–3–20　なぜか？

13–3–21　なぜ of which を訳さないのか？

13–3–22　met の活用を言いなさい。

13–3–23　understand の活用を言いなさい。

13–3–24　この英文を語順のままに前から読みなさい。

13–4　One of the worlds you are certain to touch in college is that of books.

13–4–1　音読して、和訳しなさい。

13–4–2　述語動詞は？

13–4–3　大黒柱は？

13–4–4　大黒柱とは何か？

13–4–5　準動詞は？

13–4–6　that の品詞と働きは？

13–4–7　touch は何形か？

13–4–8　to touch は何番か？

13–4–9　to touch の目的語は？

13–4–10　従属節があれば外側を言いなさい。

13–4–11　形容詞節を作る語は？

13–4–12　is の主語は？

13–4–13　to touch の「前の品詞と働き」は？

13–4–14　to touch と worlds は構造上どういう関係にあるか？

13–4–15　なぜか？

13–4–16　worlds の働きは？

13–4–17　in college の品詞と働きは？

13–4–18　that の中身を英語で言いなさい。

13–4–19　関係代名詞を省略できるのはどういう場合か？

13–4–20　「構造上の主語＋述語動詞」を指摘せよ。

13–3–17　内外断絶しているから

13–3–18　形容詞句で名詞修飾

13–3–19　できない

13–3–20　形容詞節の先頭にないから

13–3–21　関係代名詞は日本語にないから

13–3–22　meet – met – met

13–3–23　understand – understood – understood

13–3–24　I met a sentence→私は文に出会った→the meaning of which→その文の意味→I could not understand→私は理解できなかった

▶［黄リー教］p. 257　Lesson 16–3

□□□□□□□□□□□□□□□□□

13–4–1　大学で必ず触れる世界の一つは書物の世界です。

13–4–2　are, is

13–4–3　is

13–4–4　主節の述語動詞

13–4–5　to touch

13–4–6　（代）名詞で補語

13–4–7　原形

13–4–8　③

13–4–9　worlds と you の間に省略されている関係代名詞の which

13–4–10　you から college までが形容詞節で worlds にかかる

13–4–11　関係詞、ただし「what」と「関係詞 -ever」と「先行詞が省略された関係副詞」は除く

13–4–12　One

13–4–13　副詞で形容詞修飾

13–4–14　関係ない

13–4–15　内外断絶しているから

13–4–16　前置詞の目的語

13–4–17　副詞句で動詞修飾

13–4–18　the world

13–4–19　制限用法で、形容詞節の先頭にあり、内側で「動詞の目的語」か「前置詞の目的語」になっている場合

13–4–20　One … is / you are

One of the worlds you are certain to touch in college is that of books.

13–4–21 「意味上の主語＋準動詞」を指摘せよ。

13–4–22 この英文を語順のままに前から読みなさい。

13–5 At noon our party assembled in a dell, through the depth of which ran a little brook.

13–5–1 音読して、和訳しなさい。

13–5–2 述語動詞は？

13–5–3 準動詞は？

13–5–4 大黒柱は？

13–5–5 一般的に which の品詞は？

13–5–6 この which の品詞は？

13–5–7 which が作る従属節の外側は？

13–5–8 形容詞節を作る語は？

13–5–9 which の働きは？

13–5–10 through the depth の品詞と働きは？

13–5–11 どの動詞か？

13–5–12 through the depth と dell は構造上どういう関係にあるか？

13–5–13 なぜか？

13–5–14 assembled は何番か？

13–5–15 ran の活用は？

13–5–16 ran は何番か？

13–5–17 ran の主語は？

13–5–18 which は省略できるか？

13–5–19 なぜか？

13–5–20 この英文を語順のままに前から読みなさい。

14–1 The day will come when nobody will believe you.

14–1–1 音読して、和訳しなさい。

14–1–2 述語動詞は？

13–4–21　you … to touch

13–4–22　One of the worlds→世界の一つは→you are certain to touch in college→
　　　　　人が大学で必ず触れる→is that of books→書物の世界である

▶［黄リー教］p. 258　□□□□□□□□□□□□□□□□□

13–5–1　正午に我々の一行は小さな谷に集まった。その谷の底には小川が流れ
　　　　ていた。

13–5–2　assembled, ran

13–5–3　ない

13–5–4　assembled

13–5–5　関係代名詞・関係形容詞・疑問代名詞・疑問形容詞

13–5–6　関係代名詞

13–5–7　through から brook までが形容詞節で名詞修飾

13–5–8　関係詞、ただし「what」と「関係詞 -ever」と「先行詞が省略された関
　　　　係副詞」は除く

13–5–9　前置詞の目的語

13–5–10　副詞句で動詞修飾

13–5–11　ran

13–5–12　関係ない

13–5–13　内外断絶しているから

13–5–14　①

13–5–15　run – ran – run

13–5–16　①

13–5–17　brook

13–5–18　省略できない

13–5–19　非制限用法だし、形容詞節の先頭にないから

13–5–20　At noon our party assembled in a dell→正午に我々の一行は小さな谷に
　　　　　集まった→through the depth of which→その谷の底を通って→ran a little
　　　　　brook→小さな流れが走っていた

▶［黄リー教］p. 277　□□□□□□□□□□□□□□□□

14–1–1　誰も君を信じない日が来るだろう。

14–1–2　come, believe

The day will come when nobody will believe you.

14–1–3   準動詞は？

14–1–4   大黒柱は？

14–1–5   一般的に when の品詞は？

14–1–6   この when の品詞は？

14–1–7   when の働きは？

14–1–8   どの動詞か？

14–1–9   when が表す意味を英語と日本語で言いなさい。

14–1–10   when が作る従属節の外側は？

14–1–11   形容詞節を作る語は？

14–1–12   一般的に when の後にはどんな文が続くか？

14–1–13   関係副詞の when の先行詞にはどんな名詞がなるか？

14–1–14   この when が従属接続詞でない理由は？

14–1–15   believe は何番か？

14–1–16   完全な文とは何か？

14–1–17   関係副詞を列挙しなさい。

14–1–18   when を関係代名詞を使って書き換えなさい。

14–1–19   この英文を語順のままに前から読みなさい。

14–2   Your letter came on the very day that I came home.

14–2–1   音読して、和訳しなさい。

14–2–2   述語動詞は？

14–2–3   準動詞は？

14–2–4   大黒柱は？

14–2–5   that の品詞は？

14–2–6   that が表す意味を英語と日本語で言いなさい。

14–2–7   that を関係代名詞を使って書き換えなさい。

14–2–8   that が作る従属節の外側は？

14–2–9   形容詞節を作る語は？

14–2–10   home の品詞は？

14–1–3　ない

14–1–4　come

14–1–5　従属接続詞・関係副詞・疑問副詞

14–1–6　関係副詞

14–1–7　動詞修飾

14–1–8　believe

14–1–9　on the day / その日に

14–1–10　when から you までが形容詞節で名詞修飾

14–1–11　関係詞、ただし「what」と「関係詞 -ever」と「先行詞が省略された関係副詞」は除く

14–1–12　完全な文

14–1–13　時を表す名詞

14–1–14　従属接続詞だと副詞節を作るが、時・条件を表す副詞節の中では単純未来は現在形で表すのに、ここでは未来形になっているから

14–1–15　③

14–1–16　主語・動詞の目的語・前置詞の目的語・補語の点で足りない要素がない文

14–1–17　when・where・why・how・that

14–1–18　on which

14–1–19　The day will come→その日が来るだろう→when→その日に→nobody will believe you→だれもあなたを信じないだろう

□□□□□□□□□□□□□□□□　　　　　　　　▶［黄リー教］p. 277

14–2–1　あなたの手紙は、私が帰宅したまさにその日に届いた。

14–2–2　came, came

14–2–3　ない

14–2–4　最初の came

14–2–5　関係副詞

14–2–6　on the day / その日に

14–2–7　on which

14–2–8　that から home までが形容詞節で名詞修飾

14–2–9　関係詞、ただし「what」と「関係詞 -ever」と「先行詞が省略された関係副詞」は除く

14–2–10　副詞

Your letter came on the very day that I came home.

14–2–11 　very の品詞と働きは？

14–2–12 　very の意味は？

14–2–13 　この英文を語順のままに前から読みなさい。

14–3　A man whose name I have forgotten came to see you this morning.

14–3–1 　音読して、和訳しなさい。

14–3–2 　述語動詞は？

14–3–3 　準動詞は？

14–3–4 　大黒柱は？

14–3–5 　一般的に whose の品詞は？

14–3–6 　この whose の品詞と働きは？

14–3–7 　どの名詞か？

14–3–8 　name の働きは？

14–3–9 　whose が表す意味を英語と日本語で言いなさい。

14–3–10 　whose が作る従属節の外側は？

14–3–11 　形容詞節を作る語は？

14–3–12 　forgotten の活用を言いなさい。

14–3–13 　forgotten は何番か？

14–3–14 　to see の「前の品詞と働き」は？

14–3–15 　「to 原形」の可能性は？

14–3–16 　名詞が余ったときの考え方は？

14–3–17 　morning はその中のどれか？

14–3–18 　this morning の働きは？

14–3–19 　この英文を語順のままに前から読みなさい。

14–4　The town where my uncle lives is not very far from here.

14–4–1 　音読して、和訳しなさい。

14–4–2 　述語動詞は？

14–4–3 　準動詞は？

14-2-11　形容詞で名詞修飾

14-2-12　まさにその

14-2-13　Your letter came on the very day→あなたの手紙はまさにその日に来た
　　　　　→that→その日に→I came home→私は帰宅した

□□□□□□□□□□□□□□□□　　　　　　　　　　　▶［黄リー教］p. 278

14-3-1　名前を忘れてしまった男性が今朝あなたに会いに来ました。

14-3-2　forgotten, came

14-3-3　to see

14-3-4　came

14-3-5　関係形容詞・疑問形容詞

14-3-6　関係形容詞で名詞修飾

14-3-7　name

14-3-8　動詞の目的語

14-3-9　his / その男の

14-3-10　whose から forgotten までが形容詞節で名詞修飾

14-3-11　関係詞、ただし「what」と「関係詞 -ever」と「先行詞が省略された
　　　　　関係副詞」は除く

14-3-12　forget – forgot – forgot または forgotten

14-3-13　③

14-3-14　副詞で動詞修飾

14-3-15　助動詞の一部＋述語動詞・不定詞名詞用法・不定詞形容詞用法・不定
　　　　　詞副詞用法

14-3-16　同格・副詞的目的格・being が省略された分詞構文のどれだろうと考
　　　　　える

14-3-17　副詞的目的格

14-3-18　動詞修飾

14-3-19　A man→男が→whose name→その男の名前→I have forgotten→私は忘
　　　　　れてしまった→came to see you this morning→今朝あなたに会いに来た

□□□□□□□□□□□□□□□□□□　　　　　　　　　　▶［黄リー教］p. 279

14-4-1　叔父が住んでいる町はここからさほど遠くないところにある。

14-4-2　lives, is

14-4-3　ない

The town where my uncle lives is not very far from here.

14-4-4　大黒柱は？

14-4-5　一般的に where の品詞は？

14-4-6　この where の品詞は？

14-4-7　一般的に where の後にはどんな文が続くか？

14-4-8　関係副詞の where の先行詞にはどんな名詞がなるか？

14-4-9　where が作る従属節の外側は？

14-4-10　形容詞節を作る語は？

14-4-11　where の働きは？

14-4-12　どの動詞か？

14-4-13　where が表す意味を英語と日本語で言いなさい。

14-4-14　is は何番か？

14-4-15　is の主語は？

14-4-16　far の品詞と働きは？

14-4-17　どの動詞か？

14-4-18　here の品詞と働きは？

14-4-19　この英文を語順のままに前から読みなさい。

14-5　Can you copy the way he moves his arms?

14-5-1　音読して、和訳しなさい。

14-5-2　述語動詞は？

14-5-3　準動詞は？

14-5-4　大黒柱は？

14-5-5　copy は何形か？

14-5-6　なぜか？

14-5-7　原形動詞が述語動詞になるのはどういう場合か？

14-5-8　原形動詞が準動詞になるのはどういう場合か？

14-5-9　この英文中の従属節の外側を言いなさい。

14-5-10　どの名詞か？

14-5-11　he moves his arms を形容詞節にしている語は？

14–4–4　is

14–4–5　従属接続詞・関係副詞・疑問副詞

14–4–6　関係副詞

14–4–7　完全な文

14–4–8　場所を表す名詞

14–4–9　where から lives までが形容詞節で名詞修飾

14–4–10　関係詞、ただし「what」と「関係詞 -ever」と「先行詞が省略された関係副詞」は除く

14–4–11　動詞修飾

14–4–12　lives

14–4–13　in the town / その町に

14–4–14　①

14–4–15　town

14–4–16　副詞で動詞修飾

14–4–17　is

14–4–18　副詞で「前置詞の目的語」

14–4–19　The town→町は→where→その町に→my uncle lives→私の叔父が住んでいる→is not very far from here→ここからさほど遠くないところにある

▶［黄リー教］p. 279

14–5–1　彼の腕の動かし方を真似られますか？

14–5–2　copy, moves

14–5–3　ない

14–5–4　copy

14–5–5　原形

14–5–6　一般助動詞が付いているから

14–5–7　do 助動詞・一般助動詞の後 / 命令文 / 仮定法現在

14–5–8　to の後 / make・have・let などの補語

14–5–9　he から arms までが形容詞節で名詞修飾

14–5–10　way

14–5–11　way と he の間に省略された関係副詞の how

Can you copy the way he moves his arms?

14–5–12 なぜ省略されたのか？

14–5–13 この英文を何も省略しないで言いなさい。

14–5–14 that を使った英文の that の品詞は？
14–5–15 関係副詞を列挙しなさい。
14–5–16 この英文を語順のままに前から読みなさい。

15–1 I believe the report to have been proven false.

15–1–1 音読して、和訳しなさい。
15–1–2 述語動詞は？
15–1–3 準動詞は？
15–1–4 大黒柱は？

15–1–5 believe は何番か？
15–1–6 have の品詞は？
15–1–7 have は何形か？
15–1–8 have を過去形に変えなさい。
15–1–9 have を過去分詞形に変えなさい。
15–1–10 been の品詞は？
15–1–11 一般的に been の可能性を全部言いなさい。

15–1–12 been はその中のどれか？
15–1–13 proven は何形か？
15–1–14 proven は「過去分詞の可能性」の中のどれか？
15–1–15 been proven の品詞は？
15–1–16 been proven は何形か？
15–1–17 been proven は「過去分詞の可能性」の中のどれか？
15–1–18 完了準動詞の形を全部言いなさい。
15–1–19 完了準動詞の種類を全部言いなさい。
15–1–20 to have been proven の「前の働き」は？
15–1–21 to have been proven は何番か？
15–1–22 false の品詞と働きは？

14–5–12 先行詞の the way と関係副詞の how はどちらかを省略しなければいけないから

14–5–13 Can you copy the way in which he moves his arms? または Can you copy the way that he moves his arms?

14–5–14 関係副詞

14–5–15 when・where・why・how・that

14–5–16 Can you copy the way→あなたはやり方を真似られますか→he moves his arms?→彼が腕を動かす

□□□□□□□□□□□□□□□□ ▶［黄リー教］p. 304 Lesson 16–6

15–1–1 私は、その報告は間違いであると証明されていると信じます。

15–1–2 believe

15–1–3 to have been proven

15–1–4 ない（従属節がないから、主節もなく、したがって「主節の述語動詞」もない）

15–1–5 ⑤

15–1–6 助動詞

15–1–7 原形

15–1–8 had

15–1–9 変えられない（過去分詞形はないから）

15–1–10 助動詞

15–1–11 ①の過去分詞で完了 / ②の過去分詞で完了 / been p.p. は受身の動詞の過去分詞で完了 / been -ing は進行形の動詞の過去分詞で完了

15–1–12 been p.p. は受身の動詞の過去分詞で完了

15–1–13 過去分詞形

15–1–14 受身

15–1–15 動詞

15–1–16 過去分詞形

15–1–17 完了

15–1–18 to have p.p. / having p.p.

15–1–19 完了不定詞 / 完了動名詞 / 完了現在分詞形容詞用法 / 完了分詞構文

15–1–20 補語

15–1–21 －⑤

15–1–22 形容詞で補語

I believe the report to have been proven false.

15–1–23 「意味上の主語＋準動詞」を指摘せよ。

15–1–24 proven の活用を言いなさい。

15–1–25 「⑤の基本的意味」と「O と C の間の意味上の主語・述語関係」のレベルで直訳しなさい。

15–2 There seems to be nothing to be done about it.

15–2–1 音読して、直訳しなさい。

15–2–2 意訳しなさい。

15–2–3 述語動詞は？

15–2–4 準動詞は？

15–2–5 seems の主語は？

15–2–6 to be の「前の働き」は？

15–2–7 to be は何番か？

15–2–8 to be done の「前の働き」は？

15–2–9 to be done は何番か？

15–2–10 前の be の品詞は？

15–2–11 後の be の品詞は？

15–2–12 There の品詞は？

15–2–13 動詞をすべて指摘せよ。

15–2–14 助動詞をすべて指摘せよ。

15–3 I was obliged to borrow money to pay my father's hospital bills with.

15–3–1 音読して、和訳しなさい。

15–3–2 述語動詞は？

15–3–3 なぜ述語動詞と言えるのか？

15–3–4 was obliged は何番か？

15–3–5 準動詞は？

15–3–6 obliged は何形か？

15–3–7 was の品詞は？

15–3–8 助動詞の種類は？

15–3–9 borrow は何形か？

15–3–10 原形動詞を使うところは？

15–1–23　the report to have been proven

15–1–24　prove – proved – proved または proven

15–1–25　私は、その報告が間違いだと証明された状態を認識する。

□□□□□□□□□□□□□□□□□□　▶［黄リー教］p. 304

15–2–1　それについてなされるどんなことも存在しているように見えない。

15–2–2　それは手の打ちようがないようだ。

15–2–3　seems

15–2–4　to be, to be done

15–2–5　nothing

15–2–6　補語

15–2–7　①

15–2–8　名詞修飾

15–2–9　－③

15–2–10　動詞

15–2–11　助動詞

15–2–12　誘導副詞

15–2–13　seems, be, be done, done

15–2–14　be

□□□□□□□□□□□□□□□□□□　▶［黄リー教］p. 305　Lesson 16–7

15–3–1　私は父の入院代を払うお金を借りざるをえなかった。

15–3–2　was obliged

15–3–3　過去形だから

15–3–4　－⑤

15–3–5　to borrow, to pay

15–3–6　過去分詞形

15–3–7　助動詞

15–3–8　be 助動詞 / have 助動詞 / do 助動詞 / 一般助動詞

15–3–9　原形

15–3–10　to の後 / do 助動詞・一般助動詞の後 / 命令文 / make・have・let などの補語 / 仮定法現在

I was obliged to borrow money to pay my father's hospital bills with.

15–3–11　to borrow の「前の働き」は？

15–3–12　to borrow は何番か？

15–3–13　to pay の「前の働き」は？

15–3–14　to pay は何番か？

15–3–15　with の品詞は？

15–3–16　with の目的語は？

15–3–17　with の意味上の目的語は？

15–3–18　to pay の目的語は？

15–3–19　「構造上の主語＋述語動詞」を指摘せよ。

15–3–20　「意味上の主語＋準動詞」を指摘せよ。

15–3–21　原形が準動詞になるのはどういう場合か？

15–3–22　－⑤の基本的意味は？

15–3–23　I was obliged to borrow money を「－⑤の基本的意味」と「S と C の間の意味上の主語・述語関係」のレベルで訳しなさい。

15–3–24　文末の with を削除した英文を和訳しなさい。

15–4　She gave him an admiring look.

15–4–1　音読して、和訳しなさい。

15–4–2　述語動詞は？

15–4–3　準動詞は？

15–4–4　gave は何番か？

15–4–5　ing の可能性は？

15–4–6　admiring はその中のどれか？

15–4–7　admiring の「前の品詞と働き」は？

15–4–8　admiring は何番か？

15–4–9　admiring の目的語は？

15–4–10　admiring の意味上の目的語は？

15–4–11　admiring の意味を言いなさい。

15–4–12　look の働きは？

15–4–13　より精密に言うと？

15–4–14　④の基本的意味は？

15–3–11　補語

15–3–12　③

15–3–13　名詞修飾（「money にかかる」も可）

15–3–14　③

15–3–15　前置詞

15–3–16　ない

15–3–17　money

15–3–18　hospital bills

15–3–19　I was obliged

15–3–20　I … to borrow / I … to pay

15–3–21　to の後 / make・have・let などの補語

15–3–22　認識される・生み出される

15–3–23　私がお金を借りる状態が生み出された。

15–3–24　私は父の入院代を払うためにお金を借りざるをえなかった。

□□□□□□□□□□□□□□□□　　　　　　　　　▶［黄リー教］p. 306

15–4–1　彼女は彼を称賛のまなざしで見た。

15–4–2　gave

15–4–3　admiring

15–4–4　④

15–4–5　進行形・動名詞・現在分詞形容詞用法・分詞構文

15–4–6　現在分詞形容詞用法

15–4–7　形容詞で名詞修飾

15–4–8　③

15–4–9　ない

15–4–10　彼（人も可）

15–4–11　彼を称賛するような性質を持っている（「人を称賛するような性質を持っている」も可）

15–4–12　動詞の目的語

15–4–13　直接目的語

15–4–14　与える・与えない・取り去る

She gave him an admiring look.

15-4-15　この英文を直訳しなさい。

15-5　He was elected president of the university being built in Nagoya.

15-5-1　音読して、和訳しなさい。

15-5-2　述語動詞は？

15-5-3　準動詞は？

15-5-4　なぜ準動詞と言えるのか？

15-5-5　elected は何形か？

15-5-6　過去分詞の可能性は？

15-5-7　elected はその中のどれか？

15-5-8　was elected は何番か？

15-5-9　being built の品詞は？

15-5-10　being built は何形か？

15-5-11　being built は何番か？

15-5-12　being built だけ直訳しなさい。

15-5-13　being built は着物を着ているか、裸か？

15-5-14　built は着物を着ているか、裸か？

15-5-15　着物はどれか？

15-5-16　being built は動名詞か、現在分詞か？

15-5-17　裸の ing の可能性は？

15-5-18　being built はその中のどれか？

15-5-19　現在分詞形容詞用法の「前の働き」は？

15-5-20　being built はその中のどれか？

15-5-21　過去形の動詞をすべて指摘せよ。

15-5-22　過去分詞形の動詞をすべて指摘せよ。

15-5-23　ing 形の動詞をすべて指摘せよ。

15-5-24　過去形の助動詞をすべて指摘せよ。

15-5-25　ing 形の助動詞をすべて指摘せよ。

15-5-26　president の働きは？

15-5-27　「意味上の主語＋準動詞」を指摘せよ。

15-5-28　「前置詞の目的語」を言いなさい。

15-5-29　being built in Nagoya を形容詞節に変えなさい。

15-4-15 彼女は彼に彼を称賛するような性質をもっているまなざしを与えた。

▶［黄リー教］p. 306　Lesson 16-9

□□□□□□□□□□□□□□□

15-5-1 彼は名古屋に建設中の大学の学長に選ばれた。

15-5-2 was elected

15-5-3 bcing built

15-5-4 裸の ing だから

15-5-5 過去分詞形

15-5-6 受身・完了・過去分詞形容詞用法・分詞構文

15-5-7 受身

15-5-8 －⑤

15-5-9 動詞

15-5-10 ing 形

15-5-11 －③

15-5-12 建設されつつある

15-5-13 裸

15-5-14 着物を着ている

15-5-15 being

15-5-16 現在分詞

15-5-17 動名詞・現在分詞形容詞用法・分詞構文

15-5-18 現在分詞形容詞用法

15-5-19 名詞修飾・補語

15-5-20 名詞修飾

15-5-21 was elected

15-5-22 elected, built

15-5-23 being built

15-5-24 was

15-5-25 being

15-5-26 補語

15-5-27 the university being built

15-5-28 the university, Nagoya

15-5-29 which was being built in Nagoya

15–6　I regard the contract as having been broken.

15-6-1　音読して、和訳しなさい。

15-6-2　述語動詞は？

15-6-3　準動詞は？

15-6-4　regard は何番か？

15-6-5　having の品詞は？

15-6-6　been の品詞は？

15-6-7　broken は何形か？

15-6-8　been broken の品詞は？

15-6-9　been broken は何形か？

15-6-10　過去分詞の可能性は？

15-6-11　broken はその中のどれか？

15-6-12　been broken はその中のどれか？

15-6-13　完了準動詞の形を全部言いなさい。

15-6-14　完了準動詞の種類を全部言いなさい。

15-6-15　having been broken はその中のどれか？

15-6-16　having been broken の「前の品詞と働き」は？

15-6-17　having been broken は何番か？

15-6-18　as の呼び名は？

15-6-19　⑤ O as C で使う動詞の基本的意味は？

15-6-20　⑤ O as C で使う動詞を6つ挙げなさい。

15–7　Watching her children playing in the river, she was thinking about the time when she had nearly drowned in it.

15-7-1　音読して、和訳しなさい。

15-7-2　述語動詞は？

15-7-3　drowned はなぜ述語動詞と言えるのか？

15-7-4　なぜ過去形と言えるのか？

15-7-5　大黒柱は？

15-7-6　準動詞は？

15-7-7　なぜ準動詞と言えるのか？

15-7-8　Watching は動名詞か、現在分詞か？

▶［黄リー教］p. 307

□□□□□□□□□□□□□□□□

15–6–1　私はその契約は破棄されたものとみなします。

15–6–2　regard

15–6–3　having been broken

15–6–4　⑤

15–6–5　助動詞

15–6–6　助動詞

15–6–7　過去分詞形

15–6–8　動詞

15–6–9　過去分詞形

15–6–10　受身・完了・過去分詞形容詞用法・分詞構文

15–6–11　受身

15–6–12　完了

15–6–13　to have p.p. / having p.p.

15–6–14　完了不定詞 / 完了動名詞 / 完了現在分詞形容詞用法 / 完了分詞構文

15–6–15　完了現在分詞形容詞用法

15–6–16　形容詞で補語

15–6–17　－③

15–6–18　補語の印

15–6–19　考える・言う

15–6–20　regard・think of・look on・describe・speak of・refer to

▶［黄リー教］p. 307　Lesson 16–10

□□□□□□□□□□□□□□□□□

15–7–1　彼女は、子供たちが川で遊んでいるのを見守りながら、以前自分がその川で溺れそうになったときのことを思い出していた。

15–7–2　was thinking, drowned

15–7–3　過去形の助動詞が付いているから

15–7–4　have 助動詞には過去分詞形がないから、had は過去形に特定できる

15–7–5　was thinking

15–7–6　Watching, playing

15–7–7　裸の ing だから

15–7–8　現在分詞

Watching her children playing in the river, she was thinking about the time when she had nearly drowned in it.

15–7–9 　裸の現在分詞の可能性は？

15–7–10 　Watching はその中のどれか？

15–7–11 　Watching は何番か？

15–7–12 　playing は動名詞か、現在分詞か？

15–7–13 　現在分詞の可能性は？

15–7–14 　playing はその中のどれか？

15–7–15 　playing の「前の働き」と「後の働き」は？

15–7–16 　thinking は動名詞か、現在分詞か？

15–7–17 　thinking は「ing の可能性」の中のどれか？

15–7–18 　動名詞を述語動詞にする方法は？

15–7–19 　一般的に when の品詞は？

15–7–20 　この when の品詞は？

15–7–21 　when の「内側の働き」は？

15–7–22 　when が表している意味を英語と日本語で言いなさい。

15–7–23 　when が作る従属節の外側は？

15–7–24 　形容詞節を作る語は？

15–7–25 　drowned は何形か？

15–7–26 　過去分詞の可能性は？

15–7–27 　drowned はその中のどれか？

15–7–28 　「構造上の主語＋述語動詞」を指摘せよ。

15–7–29 　「意味上の主語＋準動詞」を指摘せよ。

15–8 　To hear him talk, one would think him to be quarreling.

15–8–1 　音読して、和訳しなさい。

15–8–2 　述語動詞は？

15–8–3 　なぜ述語動詞と言えるのか？

15–8–4 　think は何番か？

15–8–5 　think は何形か？

15–8–6 　なぜか？

15–8–7 　準動詞は？

15–8–8 　To hear の「前の品詞と働き」は？

15–8–9 　To hear は何番か？

15–7–9　現在分詞形容詞用法・分詞構文

15–7–10　分詞構文

15–7–11　⑤

15–7–12　現在分詞

15–7–13　進行形・現在分詞形容詞用法・分詞構文

15–7–14　現在分詞形容詞用法

15–7–15　補語 / ①

15–7–16　現在分詞

15–7–17　進行形

15–7–18　ない

15–7–19　従属接続詞・関係副詞・疑問副詞

15–7–20　関係副詞

15–7–21　動詞修飾（「drowned にかかる」も可）

15–7–22　at the time / そのときに

15–7–23　when から it までが形容詞節で time にかかる

15–7–24　関係詞、ただし「what」と「関係詞 -ever」と「先行詞が省略された
　　　　　関係副詞」は除く

15–7–25　過去分詞形

15–7–26　受身・完了・過去分詞形容詞用法・分詞構文

15–7–27　完了

15–7–28　she was thinking / she … drowned

15–7–29　she … Watching / children playing

□□□□□□□□□□□□□□□□　　　　　　　　▶［黄リー教］p. 308

15–8–1　彼が話すのを聞いたら、人は、彼がけんかしていると思うだろう。

15–8–2　think

15–8–3　過去形の助動詞が付いているから

15–8–4　⑤

15–8–5　原形

15–8–6　一般助動詞が付いているから

15–8–7　To hear, talk, to be quarreling

15–8–8　副詞で文修飾

15–8–9　⑤

To hear him talk, one would think him to be quarreling.

15–8–10　talk は何形か？

15–8–11　原形動詞を使うところは？

15–8–12　talk はその中のどれか？

15–8–13　talk の「前の品詞と働き」は？

15–8–14　talk は何番か？

15–8–15　補語に原形不定詞を置く動詞を 6 つ挙げなさい。

15–8–16　to be quarreling の「前の品詞と働き」は？

15–8–17　to be quarreling は何番か？

15–8–18　ing の可能性は？

15–8–19　quarreling はその中のどれか？

15–8–20　進行形が準動詞になるのはどういう場合か？

15–8–21　「意味上の主語＋準動詞」を指摘せよ。

15–8–22　なぜ過去形 would を使っているのか？

15–8–23　この英文を複文に書き換えなさい。

15–9　This makes the sun seem to be going round us.

15–9–1　音読して、和訳しなさい。

15–9–2　述語動詞は？

15–9–3　なぜ述語動詞と言えるのか？

15–9–4　準動詞は？

15–9–5　seem は何形か？

15–9–6　原形動詞が準動詞になるのはどういう場合か？

15–9–7　原形動詞が述語動詞になるのはどういう場合か？

15–9–8　seem の「前の品詞と働き」は？

15–9–9　seem は何番か？

15–9–10　to be going の「前の品詞と働き」は？

15–9–11　to be going は何番か？

15–9–12　補語に原形不定詞を置く動詞を 6 つ挙げなさい。

15–9–13　原形の動詞をすべて指摘せよ。

15–9–14　原形の助動詞をすべて指摘せよ。

15–9–15　ing 形の動詞をすべて指摘せよ。

15–8–10	原形
15–8–11	to の後 / do 助動詞・一般助動詞の後 / 命令文 / make・have・let など の補語 / 仮定法現在
15–8–12	make・have・let などの補語
15–8–13	形容詞で補語
15–8–14	①
15–8–15	make, have, let, see, hear, feel
15–8–16	形容詞で補語
15–8–17	①
15–8–18	進行形・動名詞・現在分詞形容詞用法・分詞構文
15–8–19	進行形
15–8–20	進行形不定詞の場合
15–8–21	one … To hear / him talk / him to be quarreling
15–8–22	仮定法過去だから
15–8–23	If one heard him talk, one would think him to be quarreling.

□□□□□□□□□□□□□□□□　　　　　　　　　▶［黄リー教］p. 308

15–9–1	これのせいで、太陽は我々の周りを回っているように見える。
15–9–2	makes
15–9–3	現在形だから
15–9–4	seem, to be going
15–9–5	原形
15–9–6	to の後 / make・have・let などの補語
15–9–7	do 助動詞・一般助動詞の後 / 命令文 / 仮定法現在
15–9–8	形容詞で補語
15–9–9	②
15–9–10	形容詞で補語
15–9–11	①
15–9–12	make, have, let, see, hear, feel
15–9–13	seem, be going
15–9–14	be
15–9–15	going

This makes the sun seem to be going round us.

15-9-16 　この英文を「⑤の基本的意味」と「O と C の間の意味上の主語・述語関係」のレベルで訳しなさい。

16-1 **So many African elephants have been shot that the species has almost been killed off.**

16-2 **I am proud to have been able to help you.**

16-3 **One of the worlds you are certain to touch in college is that of books.**

16-4 **I met a sentence the meaning of which I could not understand.**

16-5 **Let's try once again.**

16-5-1 　音読して、和訳しなさい。

16-5-2 　述語動詞は？

16-5-3 　構造上の主語は？

16-5-4 　準動詞は？

16-5-5 　Let は何形か？

16-5-6 　try は何形か？

16-5-7 　原形動詞を使うところは？

16-5-8 　Let はその中のどれか？

16-5-9 　try はその中のどれか？

16-5-10 　Let は何番か？

16-5-11 　Let の目的語は？

16-5-12 　try の「前の働き」は？

16-5-13 　try は何番か？

16-5-14 　again の品詞と働きは？

16-5-15 　「構造上の主語＋述語動詞」を指摘せよ。

16-5-16 　「意味上の主語＋準動詞」を指摘せよ。

16-5-17 　⑤の基本的意味は？

16-5-18 　Let はその中のどれか？

16-5-19 　Let の活用を言いなさい。

15–9–16 これは、太陽が我々の周りを回っているように見える状態を生み出す。

▶［黄リー教］p. 196（Q & A は本章 11–4 参照）

▶［黄リー教］p. 230（Q & A は本章 12–6 参照）

▶［黄リー教］p. 257（Q & A は本章 13–4 参照）

▶［黄リー教］p. 257（Q & A は本章 13–3 参照）

□□□□□□□□□□□□□□□□□　　　　　　▶［黄リー教］p. 301

16–5–1　もう一度やってみましょう。

16–5–2　Let

16–5–3　Let's の前に省略されている You

16–5–4　try

16–5–5　原形

16–5–6　原形

16–5–7　to の後 / do 助動詞・一般助動詞の後 / 命令文 / make・have・let などの補語 / 仮定法現在

16–5–8　命令文

16–5–9　make・have・let などの補語

16–5–10　⑤

16–5–11　us

16–5–12　補語

16–5–13　①

16–5–14　副詞で動詞修飾

16–5–15　（you）Let

16–5–16　us try

16–5–17　認識する・生み出す

16–5–18　生み出す

16–5–19　let – let – let

Let's try once again.

16–5–20 原形が述語動詞になるのはどういう場合か？

16–5–21 「let O 原形」の意味を言いなさい。

16–6 I believe the report to have been proven false.

16–7 I was obliged to borrow money to pay my father's hospital bills with.

16–8 They will have built a bridge across the river by the time you visit the place.

16–9 He was elected president of the university being built in Nagoya.

16–10 Watching her children playing in the river, she was thinking about the time when she had nearly drowned in it.

17–1 Add to this the fact that her mother's ill, and you can understand why she is busy.

17–1–1 音読して、2 通りに和訳しなさい。

17–1–2 述語動詞は？

17–1–3 準動詞は？

17–1–4 大黒柱は？

17–1–5 この英文は単文か、複文か、重文か？

17–1–6 複文とは何か？

17–1–7 mother's は何の短縮形か？

17–1–8 従属節を作る that の品詞は？

17–1–9 この that はその中のどれか？

17–1–10 一般的に why の品詞は？

17–1–11 この why の品詞は？

17–1–12 Add は何形か？

17–1–13 原形動詞を使うところは？

17–1–14 Add はその中のどれか？

16–5–20　do 助動詞・一般助動詞の後 / 命令文 / 仮定法現在

16–5–21　O が原形するのを、望み通りにさせてやる / 止めないで放置する / 引き起こす

▶［黄リー教］p. 304（Q & A は本章 15–1 参照）

▶［黄リー教］p. 305（Q & A は本章 15–3 参照）

▶［黄リー教］p. 196（Q & A は本章 11–3 参照）

▶［黄リー教］p. 306（Q & A は本章 15–5 参照）

▶［黄リー教］p. 307（Q & A は本章 15–7 参照）

□□□□□□□□□□□□□□□□□□　　　　　　　▶［黄リー教］p. 354

17–1–1　これに加えて、母親が病気だということを考え合わせれば、なぜ彼女が忙しいかわかる / これに加えて、母親が病気だということを考え合わせれば、彼女が忙しい理由がわかる。

17–1–2　Add, is, understand, is

17–1–3　ない

17–1–4　Add, understand

17–1–5　複文

17–1–6　従属節を含んだ英文

17–1–7　mother is

17–1–8　従属接続詞・関係代名詞・関係副詞

17–1–9　従属接続詞

17–1–10　関係副詞・疑問副詞

17–1–11　関係副詞または疑問副詞

17–1–12　原形

17–1–13　to の後 / do 助動詞・一般助動詞の後 / 命令文 / make・have・let などの補語 / 仮定法現在

17–1–14　命令文

Add to this the fact that her mother's ill, and you can understand why she is busy.

17–1–15　原形動詞が述語動詞になるのはどういう場合か？

17–1–16　原形動詞が準動詞になるのはどういう場合か？

17–1–17　Add は何番か？

17–1–18　Add の主語は？

17–1–19　命令文 and S＋V. の意味は？

17–1–20　命令文 or S＋V. の意味は？

17–1–21　this の働きは？

17–1–22　fact の働きは？

17–1–23　名詞節を作る語は？

17–1–24　名詞節の働きは？

17–1–25　that が作る従属節の外側は？

17–1–26　外側の 3 要素とは？

17–1–27　従属接続詞の働きは？

17–1–28　従属接続詞の that は何節を作るか？

17–1–29　従属接続詞の後にはどんな文が続くか？

17–1–30　完全な文とは何か？

17–1–31　why の「内側の働き」は？

17–1–32　why が表している意味を日本語で言いなさい。

17–1–33　why が作る従属節の外側は？

17–1–34　関係副詞は何節を作るか？

17–1–35　疑問詞は何節を作るか？

17–2　Do you have anything to add to what I've said?

17–2–1　音読して、和訳しなさい。

17–2–2　述語動詞は？

17–2–3　なぜ述語動詞と言えるのか？

17–2–4　現在形の助動詞とはどれか？

17–2–5　大黒柱は？

17–2–6　大黒柱とは何か？

17–2–7　最初の have は何形か？

17–1–15 do 助動詞・一般助動詞の後 / 命令文 / 仮定法現在

17–1–16 to の後 / make・have・let などの補語

17–1–17 ③

17–1–18 Add の前に省略されている You

17–1–19 〜せよ、そうすれば S + V

17–1–20 〜せよ、さもなければ S + V

17–1–21 前置詞の目的語

17–1–22 動詞の目的語

17–1–23 従属接続詞の that・if・whether / 疑問詞 / 感嘆詞 / 関係詞の what / 関係詞 -ever / 先行詞が省略された関係副詞

17–1–24 主語・動詞の目的語・前置詞の目的語・補語・同格

17–1–25 that から ill までが名詞節で fact と同格

17–1–26 範囲・品詞・働き (どこからどこまでが、何節で、どんな働きをしているか)

17–1–27 副詞節を作る、ただし that・if・whether は名詞節も作る

17–1–28 副詞節・名詞節

17–1–29 完全な文

17–1–30 主語・動詞の目的語・前置詞の目的語・補語の点で足りない要素がない文

17–1–31 動詞修飾 (「is にかかる」も可)

17–1–32 その理由で / なぜ

17–1–33 why から busy までが名詞節で「動詞の目的語」

17–1–34 形容詞節、ただし「先行詞が省略された関係副詞」は名詞節を作る

17–1–35 名詞節

□□□□□□□□□□□□□□□□ ▶[黄リー教] p. 355 Lesson 21–1

17–2–1 私が言ったことに付け加えることはありますか？

17–2–2 have, said

17–2–3 現在形の助動詞が付いているから

17–2–4 Do, have

17–2–5 have

17–2–6 主節の述語動詞

17–2–7 原形

Do you have anything to add to what I've said?

17–2–8　do 助動詞が付いているから

17–2–9　do 助動詞と一般助動詞の後・命令文・仮定法現在

17–2–10　had

17–2–11　現在形

17–2–12　変えられない（過去分詞形はないから）

17–2–13　to add

17–2–14　③

17–2–15　ない

17–2–16　関係代名詞・関係形容詞・疑問代名詞・疑問形容詞・疑問副詞・感嘆形容詞

17–2–17　関係代名詞

17–2–18　名詞節、ただし特定の形では副詞節になることもある

17–2–19　従属接続詞の that・if・whether / 疑問詞 / 感嘆詞 / 関係詞の what / 関係詞 -ever / 先行詞が省略された関係副詞

17–2–20　主語・動詞の目的語・前置詞の目的語・補語・同格

17–2–21　主語・動詞の目的語・前置詞の目的語・補語

17–2–22　動詞の目的語

17–2–23　過去分詞形

17–2–24　受身・完了・過去分詞形容詞用法・分詞構文

17–2–25　完了

17–2–26　③

17–2–27　what から said までが名詞節で「前置詞の目的語」

17–2–28　私が何を言ったか（ということ）

17–2–29　anything

17–2–30　you

17–2–31　助動詞

17–2–32　関係ない

17–2–33　内外断絶しているから

17–2–34　原形

17–2–35　助動詞の一部＋述語動詞・不定詞名詞用法・不定詞形容詞用法・不定詞副詞用法

17–2–36　不定詞形容詞用法

17–2–37　名詞修飾・補語

Do you have anything to add to what I've said?

17–2–38 to add はその中のどれか？

17–2–39 「意味上の主語＋準動詞」を指摘せよ。

17–2–40 疑問代名詞の what はどう訳すか？

17–2–41 関係代名詞の what はどう訳すか？

17–2–42 関係形容詞の what はどう訳すか？

17–2–43 「add A to B」の意味は？

17–2–44 「add to 名詞」の意味は？

17–3 Mr. Smith acknowledged how silly his mistake was.

17–3–1 音読して、和訳しなさい。

17–3–2 述語動詞は？

17–3–3 準動詞は？

17–3–4 大黒柱は？

17–3–5 述語動詞とは？

17–3–6 準動詞とは？

17–3–7 大黒柱とは？

17–3–8 一般的に how の品詞は？

17–3–9 関係副詞の how は何節を作るか？

17–3–10 感嘆副詞の how は何節を作るか？

17–3–11 この how の品詞は？

17–3–12 how の働きは？

17–3–13 silly の働きは？

17–3–14 この how が作る従属節の外側は？

17–3–15 名詞節を作る語は？

17–3–16 名詞節の働きは？

17–3–17 感嘆副詞の how の訳語は？

17–3–18 感嘆詞の品詞を言いなさい。

17–3–19 感嘆詞を具体的に言いなさい。

17–3–20 間接感嘆文とは？

17–3–21 how silly his mistake was を間接感嘆文で訳しなさい。

17–2–38　名詞修飾

17–2–39　you ... to add

17–2–40　なに

17–2–41　こと・もの

17–2–42　すべての

17–2–43　A を B に加える

17–2–44　名詞を増す

▶［黄リー教］p. 356

□□□□□□□□□□□□□□□

17–3–1　スミス氏は、自分の間違いがいかに愚かであるかを認めた。

17–3–2　acknowledged, was

17–3–3　ない

17–3–4　acknowledged

17–3–5　構造上の主語を伴って文を作る動詞

17–3–6　構造上の主語を伴わないので文は作れないが、その代わり名詞・形容詞・副詞の働きを兼ねる動詞

17–3–7　主節の述語動詞

17–3–8　関係副詞・疑問副詞・感嘆副詞・従属接続詞

17–3–9　形容詞節・名詞節

17–3–10　名詞節

17–3–11　感嘆副詞

17–3–12　形容詞修飾

17–3–13　補語

17–3–14　how から was までが名詞節で「動詞の目的語」

17–3–15　従属接続詞の that・if・whether / 疑問詞 / 感嘆詞 / 関係詞の what / 関係詞 -ever / 先行詞が省略された関係副詞

17–3–16　主語・動詞の目的語・前置詞の目的語・補語・同格

17–3–17　なんて、どんなに、いかに

17–3–18　感嘆形容詞・感嘆副詞

17–3–19　what（感嘆形容詞）・how（感嘆副詞）

17–3–20　感嘆文を名詞節にしたもの

17–3–21　彼の間違いがいかに愚かであったかということ / 彼の間違いがどんなに愚かであったかということ

Mr. Smith acknowledged how silly his mistake was.

17–3–22 　how silly his mistake was を間接疑問文で訳しなさい。

17–3–23 　間接感嘆文の how silly his mistake was を that 節で書き換えなさい。

17–4　I gave to the poor girl what money I had with me then.

17–4–1 　音読して、和訳しなさい。

17–4–2 　述語動詞は？

17–4–3 　準動詞は？

17–4–4 　大黒柱は？

17–4–5 　一般的に what の品詞は？

17–4–6 　この what の品詞は？

17–4–7 　what の働きは？

17–4–8 　what money だけを和訳しなさい。

17–4–9 　疑問形容詞で what money を和訳しなさい。

17–4–10 　what が作る従属節の外側は？

17–4–11 　名詞節を作る語は？

17–4–12 　この what はその中のどれか？

17–4–13 　gave と money の構造上の関係は？

17–4–14 　なぜか？

17–4–15 　had は何番か？

17–4–16 　had の目的語は？

17–4–17 　gave は何番か？

17–4–18 　gave の目的語は？

17–4–19 　girl の働きは？

17–4–20 　この英文を関係代名詞の that を使って書き換えなさい。

17–4–21 　関係形容詞で what money I had with me then を訳しなさい。

17–4–22 　疑問形容詞で what money I had with me then を訳しなさい。

17–5　I'm standing for the reason that I don't have a seat.

17–5–1 　音読して、和訳しなさい。

17–5–2 　述語動詞は？

17–3–22　彼の間違いがどれくらい愚かであったかということ

17–3–23　that his mistake was very silly

□□□□□□□□□□□□□□□□　　　　▶［黄リー教］p. 357

17–4–1　私はその貧しい少女にそのとき持ち合わせていたすべてのお金を与えた。

17–4–2　gave, had

17–4–3　ない

17–4–4　gave

17–4–5　関係代名詞・関係形容詞・疑問代名詞・疑問形容詞・疑問副詞・感嘆形容詞

17–4–6　関係形容詞

17–4–7　名詞修飾

17–4–8　すべてのお金

17–4–9　どんなお金

17–4–10　what から then までが名詞節で「動詞の目的語」

17–4–11　従属接続詞の that・if・whether / 疑問詞 / 感嘆詞 / 関係詞の what / 関係詞 -ever / 先行詞が省略された関係副詞

17–4–12　関係詞の what

17–4–13　関係ない

17–4–14　内外断絶しているから

17–4–15　③

17–4–16　money

17–4–17　③

17–4–18　what から then までの名詞節

17–4–19　前置詞の目的語

17–4–20　I gave to the poor girl all the money that I had with me then.

17–4–21　私がそのとき持ち合わせていたすべてのお金

17–4–22　私がそのときどんなお金を持ち合わせていたかということ

□□□□□□□□□□□□□□□□□□　　　　▶［黄リー教］p. 357

17–5–1　私は席がないという理由で立っています。

17–5–2　am standing, have

I'm standing for the reason that I don't have a seat.

17–5–3　準動詞は？

17–5–4　大黒柱は？

17–5–5　一般的に the reason that S + V の that の品詞を言いなさい。

17–5–6　この that の品詞は？

17–5–7　that が作る従属節の外側は？

17–5–8　名詞節を作る語は？

17–5–9　名詞節の働きは？

17–5–10　that の「内側の働き」は？

17–5–11　関係副詞で the reason that I don't have a seat を和訳しなさい。

17–6　The reason that I'm standing is obvious. I don't have a seat.

17–6–1　音読して、和訳しなさい。

17–6–2　述語動詞は？

17–6–3　準動詞は？

17–6–4　大黒柱は？

17–6–5　一般的に the reason that S + V の that の品詞を言いなさい。

17–6–6　この that の品詞は？

17–6–7　that が作る従属節の外側は？

17–6–8　形容詞節を作る語は？

17–6–9　関係副詞を列挙しなさい。

17–6–10　that の「内側の働き」は？

17–6–11　that が表す意味を英語と日本語で言いなさい。

17–6–12　なぜ that を訳さないのか？

17–6–13　The reason that I'm standing is obvious. を語順のままに前から読みなさい。

17–6–14　従属接続詞で The reason that I'm standing を和訳しなさい。

17–6–15　is の主語は？

17–6–16　obvious の品詞と働きは？

17–7　I don't remember to whom I lent the book.

17–7–1　音読して、和訳しなさい。

17–5–3　ない

17–5–4　am standing

17–5–5　従属接続詞・関係副詞

17–5–6　従属接続詞

17–5–7　that から seat までが名詞節で the reason と同格

17–5–8　従属接続詞の that・if・whether / 疑問詞 / 感嘆詞 / 関係詞の what / 関係詞 -ever / 先行詞が省略された関係副詞

17–5–9　主語・動詞の目的語・前置詞の目的語・補語・同格

17–5–10　ない

17–5–11　私が席を持っていない理由

□□□□□□□□□□□□□□□　　　　　　　▶［黄リー教］p. 357

17–6–1　私が立っている理由は明らかです。席がないのです。

17–6–2　am standing, is, have

17–6–3　ない

17–6–4　is

17–6–5　従属接続詞・関係副詞

17–6–6　関係副詞

17–6–7　that から standing までが形容詞節で名詞修飾

17–6–8　関係詞、ただし「what」と「関係詞 -ever」と「先行詞が省略された関係副詞」は除く

17–6–9　when・where・why・how・that

17–6–10　動詞修飾（「am standing にかかる」も可）

17–6–11　for the reason / その理由で

17–6–12　関係詞は日本語にないから

17–6–13　The reason→理由→that→その理由で→I'm standing→私は立っている →is obvious→明らかである

17–6–14　私が立っているという理由

17–6–15　reason

17–6–16　形容詞で補語

□□□□□□□□□□□□□□□□　　　　　　▶［黄リー教］p. 358

17–7–1　私は誰にその本を貸したか覚えていない。

I don't remember to whom I lent the book.

17–7–2 述語動詞は？

17–7–3 準動詞は？

17–7–4 大黒柱は？

17–7–5 この英文中の従属節の外側を言いなさい。

17–7–6 lent は何形か？

17–7–7 lent の活用を言いなさい。

17–7–8 lent は何番か？

17–7–9 remember と to は構造上どういう関係にあるか？

17–7–10 なぜか？

17–7–11 whom の品詞は？

17–7–12 whom の働きは？

17–7–13 to whom の働きは？

17–7–14 どの動詞か？

17–7–15 remember は何番か？

17–7–16 to を削除できるか？

17–7–17 なぜか？

17–7–18 I don't remember the man to whom I lent the book. を和訳しなさい。

17–8 She paid no attention to who she received documents from.

17–8–1 音読して、和訳しなさい。

17–8–2 述語動詞は？

17–8–3 大黒柱は？

17–8–4 paid の活用は？

17–8–5 準動詞は？

17–8–6 She paid no attention を直訳しなさい。

17–8–7 to と who の構造上の関係は？

17–8–8 なぜか？

17–8–9 received は何番か？

17–8–10 who の品詞は？

17–8–11 who の働きは？

17–8–12 どの前置詞か？

17–8–13 who が作る従属節の外側は？

17–7–2　remember, lent

17–7–3　ない

17–7–4　remember

17–7–5　to から book までが名詞節で「動詞の目的語」

17–7–6　過去形

17–7–7　lend　lent – lent

17–7–8　③

17–7–9　関係ない

17–7–10　内外断絶しているから

17–7–11　疑問代名詞

17–7–12　前置詞の目的語

17–7–13　動詞修飾

17–7–14　lent

17–7–15　③

17–7–16　できない

17–7–17　to を削除すると、lent は④になり、whom は間接目的語になるが、④
　　　　　と間接目的語は切り離せないから

17–7–18　私はその本を貸した男を覚えていない。

□□□□□□□□□□□□□□□□　　　　　　　▶[黄リー教] p. 358　Lesson 21–2

17–8–1　彼女は、誰から書類を受け取るかに注意を払わなかった。

17–8–2　paid, received

17–8–3　paid

17–8–4　pay – paid – paid

17–8–5　なし

17–8–6　彼女はどんな注意も払わなかった。

17–8–7　関係ない

17–8–8　内外断絶しているから

17–8–9　③

17–8–10　疑問代名詞

17–8–11　前置詞の目的語

17–8–12　from

17–8–13　who から from までが名詞節で「前置詞の目的語」

She paid no attention to who she received documents from.

17–8–14 どの前置詞か？

17–8–15 from who の品詞と働きは？

17–8–16 どの動詞か？

17–8–17 一般的に who の品詞は？

17–9　He was angry with whoever disagreed with him.

17–9–1 音読して、和訳しなさい。

17–9–2 述語動詞は？

17–9–3 準動詞は？

17–9–4 大黒柱は？

17–9–5 この英文中の従属節の外側を言いなさい。

17–9–6 名詞節を作る語は？

17–9–7 whoever の品詞は？

17–9–8 whoever は何節を作るか？

17–9–9 whoever の働きは？

17–9–10 disagreed は何番か？

17–9–11 with と whoever は構造上どういう関係にあるか？

17–9–12 なぜか？

17–9–13 最初の with の目的語は？

17–9–14 whoever V を副詞節で訳しなさい。

17–9–15 whoever V を名詞節で訳しなさい。

17–9–16 whoever disagreed with him を副詞節で訳しなさい。

17–10　Cats do not purr to let us know they are pleased, but simply because they are pleased.

17–10–1 音読して、直訳しなさい。

17–10–2 意訳しなさい。

17–10–3 述語動詞は？

17–10–4 準動詞は？

17–10–5 大黒柱は？

17–8–14　to

17–8–15　副詞句で動詞修飾

17–8–16　received

17–8–17　疑問代名詞・関係代名詞

□□□□□□□□□□□□□□□□　　　　　　　　　▶［黄リー教］p. 359

17–9–1　彼は自分と意見が合わない人はだれにでも腹を立てた。

17–9–2　was, disagreed

17–9–3　ない

17–9–4　was

17–9–5　whoever から him までが名詞節で「前置詞の目的語」

17–9–6　従属接続詞の that・if・whether / 疑問詞 / 感嘆詞 / 関係詞の what / 関係詞 -ever / 先行詞が省略された関係副詞

17–9–7　複合関係代名詞

17–9–8　名詞節・副詞節

17–9–9　（構造上の）主語

17–9–10　①

17–9–11　関係ない

17–9–12　内外断絶しているから

17–9–13　whoever から him までの名詞節

17–9–14　だれが V しようとも

17–9–15　V する人はだれでも

17–9–16　だれが彼と意見が合わなかろうとも

□□□□□□□□□□□□□□□□□　　　　　　　　▶［黄リー教］p. 360

17–10–1　猫は、満足していることを私たちに知らせるためにのどをゴロゴロ鳴らすのではない。そうではなくて、ただ単に満足しているからだ。

17–10–2　猫がのどをゴロゴロ鳴らすのは、満足していることを私たちに知らせるためではなく、ただ単に満足しているからにすぎません。

17–10–3　purr, are, are

17–10–4　to let, know

17–10–5　purr

Cats do not purr to let us know they are pleased, but simply because they are pleased.

17–10–6　but の品詞は？

17–10–7　but の意味は？

17–10–8　but は何と何をつないでいるか？

17–10–9　この英文中の従属節の外側を言いなさい。

17–10–10　to let の「前の品詞と働き」は？

17–10–11　to let は何番か？

17–10–12　Cats do not purr to let us know を「⑤の基本的意味」と「O と C の間の意味上の主語・述語関係」のレベルで直訳しなさい。

17–10–13　「let O 原形」の意味を言いなさい。

17–10–14　simply の働きは？

17–10–15　他の副詞とはどれか？

17–10–16　because they are pleased の働きは？

17–10–17　どの動詞か？

17–10–18　simply because S + V を和訳しなさい。

17–10–19　副詞節を作る語は？

17–10–20　because はその中のどれか？

17–10–21　because の「内側の働き」は？

17–10–22　従属接続詞の働きは？

17–10–23　従属接続詞の後にはどんな文が続くか？

17–10–24　pleased の品詞と働きは？

17–10–25　know は何形か？

17–10–26　原形動詞を使うところは？

17–10–27　know はその中のどれか？

17–10–28　原形動詞が準動詞になるのはどういう場合か？

17–10–29　補語に原形不定詞を置く動詞を 6 つ挙げなさい。

17–10–30　they are pleased を名詞節にしている語は？

17–10–31　なぜ省略できるのか？

17–10–32　名詞節を作る語は？

17–10–6　等位接続詞

17–10–7　そうではなくて

17–10–8　to let と because they are pleased

17–10–9　they から pleased までが名詞節で「動詞の目的語」/ because から pleased までが副詞節で動詞修飾

17–10–10　副詞で動詞修飾

17–10–11　⑤

17–10–12　猫は我々が知っている状態を生み出すためにのどをゴロゴロ鳴らすのではない。

17–10–13　O が原形するのを、望み通りにさせてやる / 止めないで放置する / 引き起こす

17–10–14　他の副詞修飾

17–10–15　because they are pleased という副詞節

17–10–16　動詞修飾

17–10–17　purr

17–10–18　単に S が V するというだけの理由で

17–10–19　従属接続詞（that・if・whether も含む）・関係詞 -ever

17–10–20　従属接続詞

17–10–21　ない

17–10–22　副詞節を作る、ただし that・if・whether は名詞節も作る

17–10–23　完全な文

17–10–24　形容詞で補語

17–10–25　原形

17–10–26　to の後 / do 助動詞・一般助動詞の後 / 命令文 / make・have・let などの補語 / 仮定法現在

17–10–27　make・have・let などの補語

17–10–28　to の後 / make・have・let などの補語

17–10–29　make・have・let・see・hear・feel

17–10–30　know と they の間に省略された従属接続詞の that

17–10–31　that 節が「動詞の目的語」になっているときは that を省略できるから

17–10–32　従属接続詞の that・if・whether / 疑問詞 / 感嘆詞 / 関係詞の what / 関係詞 -ever / 先行詞が省略された関係副詞

18–1　There seems little chance of his being elected.

18-1-1　音読して、和訳しなさい。

18-1-2　述語動詞は？

18-1-3　大黒柱は？

18-1-4　seems の主語は？

18-1-5　seems は何番か？

18-1-6　seems の補語は？

18-1-7　一般的に being の可能性を全部言いなさい。

18-1-8　being はその中のどれか？

18-1-9　being の品詞は？

18-1-10　being elected の品詞は？

18-1-11　being elected は裸か、着物を着ているか？

18-1-12　裸の ing の可能性は？

18-1-13　being elected はその中のどれか？

18-1-14　elected は何形か？

18-1-15　elected は「過去分詞の可能性」の中のどれか？

18-1-16　省略されている to be の「前の品詞と働き」は？

18-1-17　省略されている to be は何番か？

18-1-18　little の品詞と働きは？

18-1-19　There seems little chance を直訳しなさい。

18-1-20　his の働きは？

18-1-21　being elected の「前の品詞と働き」は？

18-1-22　being elected は何番か？

18-1-23　動名詞に「意味上の主語」を付けるときはどのようにするか？

18-1-24　of his being elected を直訳しなさい。

18-1-25　of his being elected の働きは？

18–2　She wondered what it was like not being rich.

18-2-1　音読して、和訳しなさい。

18-2-2　述語動詞は？

▶［黄リー教］p. 380

□□□□□□□□□□□□□□□□□

18–1–1　彼が選ばれる可能性はほとんどないように思われる。

18–1–2　seems

18–1–3　ない（従属節がないから、主節もなく、したがって「主節の述語動詞」もない）

18–1–4　chance

18–1–5　②

18–1–6　seems と little の間に省略されている to be

18–1–7　①で動名詞・現在分詞形容詞用法・分詞構文 / ②で進行形・動名詞・現在分詞形容詞用法・分詞構文 / being p.p. は受身の動詞の ing 形で進行形・動名詞・現在分詞形容詞用法・分詞構文

18–1–8　being p.p. は受身の動詞の ing 形で動名詞

18–1–9　助動詞

18–1–10　動詞

18–1–11　裸

18–1–12　動名詞・現在分詞形容詞用法・分詞構文

18–1–13　動名詞

18–1–14　過去分詞形

18–1–15　受身

18–1–16　形容詞で補語

18–1–17　①

18–1–18　形容詞で名詞修飾

18–1–19　可能性は存在しているようにはほとんど見えない。

18–1–20　意味上の主語

18–1–21　名詞で「前置詞の目的語」

18–1–22　－③

18–1–23　直前に所有格あるいは目的格の名詞・代名詞を置く

18–1–24　彼が選ばれることの

18–1–25　名詞修飾

▶［黄リー教］p. 381　Lesson 21–4

□□□□□□□□□□□□□□□□□

18–2–1　彼女は金持ちでないことはどんなふうなんだろうと思った。

18–2–2　wondered, was

She wondered what it was like not being rich.

18–2–3 　大黒柱は？

18–2–4 　wondered は何番か？

18–2–5 　wondered の意味は？

18–2–6 　準動詞は？

18–2–7 　なぜ準動詞と言えるのか？

18–2–8 　裸の ing で文を作る方法は？

18–2–9 　動名詞の「前の働き」は？

18–2–10 　being の「前の働き」は？

18–2–11 　動名詞を述語動詞にする方法は？

18–2–12 　動詞と名詞を兼ねる準動詞は？

18–2–13 　like の品詞は？

18–2–14 　一般的に what の品詞は？

18–2–15 　この what の品詞は？

18–2–16 　what の働きは？

18–2–17 　どの前置詞か？

18–2–18 　what it was like を直訳しなさい。

18–2–19 　what が作る従属節の外側は？

18–2–20 　名詞節を作る語は？

18–2–21 　what はその中のどれか？

18–2–22 　it の働きは？

18–2–23 　like what の品詞と働きは？

18–2–24 　wondered と what の関係は？

18–2–25 　なぜか？

18–2–26 　not の品詞と働きは？

18–2–27 　どの動詞か？

18–2–28 　rich の働きは？

18–2–29 　was は何番か？

18–2–30 　was の補語は？

18–2–31 　ing 形は大きく 2 つに分けると何と何か？

18–2–32 　being はその中のどれか？

18–2–33 　疑問詞が作る名詞節を何と言うか？

18–2–3　wondered

18–2–4　③

18–2–5　知りたく思った

18–2–6　being

18–2–7　裸の ing だから

18–2–8　ない

18–2–9　主語・動詞の目的語・前置詞の目的語・補語・同格

18–2–10　真主語

18–2–11　ない

18–2–12　不定詞名詞用法・動名詞

18–2–13　前置詞

18–2–14　関係代名詞・関係形容詞・疑問代名詞・疑問形容詞・疑問副詞・感嘆
　　　　　形容詞

18–2–15　疑問代名詞

18–2–16　前置詞の目的語

18–2–17　like

18–2–18　それは何のようかということ

18–2–19　what から rich までが名詞節で「動詞の目的語」

18–2–20　従属接続詞の that・if・whether / 疑問詞 / 感嘆詞 / 関係詞の what / 関
　　　　　係詞 -ever / 先行詞が省略された関係副詞

18–2–21　疑問詞

18–2–22　仮主語

18–2–23　形容詞句で補語

18–2–24　関係ない

18–2–25　内外断絶しているから

18–2–26　副詞で動詞修飾

18–2–27　being

18–2–28　補語

18–2–29　②

18–2–30　like what

18–2–31　動名詞と現在分詞

18–2–32　動名詞

18–2–33　間接疑問文

She wondered what it was like not being rich.

18–2–34 疑問代名詞の what はどう訳すか？

18–2–35 疑問形容詞の what はどう訳すか？

18–2–36 関係形容詞の what はどう訳すか？

18–2–37 感嘆形容詞の what はどう訳すか？

18–2–38 being だけを直訳しなさい。

18–2–39 「wonder 間接疑問文」の意味を英語と日本語で言いなさい。

18–3 It was all I could do not to fall asleep.

18–3–1 音読して、直訳しなさい。

18–3–2 意訳しなさい。

18–3–3 述語動詞は？

18–3–4 大黒柱は？

18–3–5 could を原形に変えなさい。

18–3–6 all の品詞と働きは？

18–3–7 準動詞は？

18–3–8 fall は何形か？

18–3–9 原形動詞を使うところは？

18–3–10 「to 原形」の可能性は？

18–3–11 to fall はその中のどれか？

18–3–12 不定詞名詞用法の「前の働き」は？

18–3–13 to fall の「前の働き」は？

18–3–14 to fall だけを直訳しなさい。

18–3–15 従属節があれば外側を言いなさい。

18–3–16 asleep の品詞と働きは？

18–3–17 do は何番か？

18–3–18 do の目的語は？

18–3–19 関係代名詞を省略できるのはどういう場合か？

18–3–20 all と do の関係は？

18–3–21 なぜか？

18–3–22 not の品詞と働きは？

18–2–34　なに

18–2–35　どんな

18–2–36　すべての

18–2–37　なんて、どんなに、いかに

18–2–38　であること

18–2–39　be curious to know 間接疑問文 / 間接疑問文を知りたく思う

▶［黄リー教］p. 382　Lesson 21–5

□□□□□□□□□□□□□□□

18–3–1　眠り込まないことは私ができるすべてのことだった。

18–3–2　私は眠らないでいるのが精一杯だった。

18–3–3　was, do

18–3–4　was

18–3–5　変えられない（原形はないから）

18–3–6　名詞で補語

18–3–7　to fall

18–3–8　原形

18–3–9　to の後 / do 助動詞・一般助動詞の後 / 命令文 / make・have・let などの
　　　　補語 / 仮定法現在

18–3–10　助動詞の一部＋述語動詞・不定詞名詞用法・不定詞形容詞用法・不定
　　　　　詞副詞用法

18–3–11　不定詞名詞用法

18–3–12　主語・動詞の目的語・補語・同格

18–3–13　真主語

18–3–14　〜になること

18–3–15　I から do までが形容詞節で名詞修飾

18–3–16　形容詞で補語

18–3–17　③

18–3–18　all と I の間に省略されている関係代名詞の that

18–3–19　制限用法で、形容詞節の先頭にあり、内側で「動詞の目的語」か「前
　　　　　置詞の目的語」になっている場合

18–3–20　関係ない

18–3–21　内外断絶しているから

18–3–22　副詞で動詞修飾

It was all I could do not to fall asleep.

18–3–23 do と not の関係は？

18–3–24 なぜか？

18–3–25 過去形の動詞をすべて指摘せよ。

18–3–26 過去形の助動詞をすべて指摘せよ。

18–3–27 原形の動詞をすべて指摘せよ。

18–3–28 It が正式な主語の場合、to fall の「前の品詞と働き」は？

18–3–29 It を正式な主語として直訳しなさい。

18–3–30 It を正式な主語として意訳しなさい。

18–4 He can't stand being kept waiting.

18–4–1 音読して、和訳しなさい。

18–4–2 述語動詞は？

18–4–3 準動詞は？

18–4–4 stand の番号は？

18–4–5 stand の意味は？

18–4–6 kept は何形か？

18–4–7 kept は着物を着ているか、裸か？

18–4–8 一般的に being の可能性を全部言いなさい。

18–4–9 being はその中のどれか？

18–4–10 being kept はなぜ準動詞と言えるのか？

18–4–11 being kept の「前の品詞と働き」は？

18–4–12 being kept は何番か？

18–4–13 waiting は動名詞か、現在分詞か？

18–4–14 現在分詞の可能性は？

18–4–15 waiting はその中のどれか？

18–4–16 waiting の「前の品詞と働き」は？

18–4–17 waiting は何番か？

18–4–18 being kept waiting を直訳しなさい。

18–5 It is disagreeable to be made to wait for a long time.

18–5–1 音読して、和訳しなさい。

18–3–23 関係ない

18–3–24 内外断絶しているから

18–3–25 was

18–3–26 could

18–3–27 do, fall

18–3–28 副詞で動詞修飾

18–3–29 それは眠り込まないために私ができるすべてのことだった。

18–3–30 それだけが眠り込まないために私ができることだった。

□□□□□□□□□□□□□□□□□□ ▶［黄リー教］p. 382

18–4–1 彼は待たされることに耐えられない。

18–4–2 stand

18–4–3 being kept, waiting

18–4–4 ③

18–4–5 耐える

18–4–6 過去分詞形

18–4–7 着物を着ている

18–4–8 ①で動名詞・現在分詞形容詞用法・分詞構文 / ②で進行形・動名詞・現在分詞形容詞用法・分詞構文 / being p.p. は受身の動詞の ing 形で進行形・動名詞・現在分詞形容詞用法・分詞構文

18–4–9 being p.p. は受身の動詞の ing 形で動名詞

18–4–10 裸の ing だから

18–4–11 名詞で「動詞の目的語」

18–4–12 －⑤

18–4–13 現在分詞

18–4–14 進行形・現在分詞形容詞用法・分詞構文

18–4–15 現在分詞形容詞用法

18–4–16 形容詞で補語

18–4–17 ①

18–4–18 待っている状態に保たれること

□□□□□□□□□□□□□□□□□□ ▶［黄リー教］p. 383

18–5–1 長時間待たされるのは不愉快です。

It is disagreeable to be made to wait for a long time.

    18–5–2　述語動詞は？

    18–5–3　大黒柱は？

    18–5–4　準動詞は？

    18–5–5　It の働きは？

    18–5–6　to be made の「前の品詞と働き」は？

    18–5–7　to be made は何番か？

    18–5–8　to wait の「前の品詞と働き」は？

    18–5–9　to wait は何番か？

    18–5–10　to be made to wait を「⑤の基本的意味」のレベルで直訳しなさい。

    18–5–11　不定詞名詞用法の「前の働き」は？

    18–5–12　原形の動詞をすべて指摘せよ。

    18–5–13　原形の助動詞をすべて指摘せよ。

    18–5–14　過去分詞形の動詞をすべて指摘せよ。

    18–5–15　現在形の動詞をすべて指摘せよ。

18–6　Seeing a pet die helps a child cope with sorrow.

    18–6–1　音読して、和訳しなさい。

    18–6–2　述語動詞は？

    18–6–3　なぜか？

    18–6–4　準動詞は？

    18–6–5　helps は何番か？

    18–6–6　helps の主語は？

    18–6–7　pet の働きは？

    18–6–8　child の働きは？

    18–6–9　原形動詞が述語動詞になるのはどういう場合か？

    18–6–10　原形動詞が準動詞になるのはどういう場合か？

    18–6–11　原形の動詞をすべて指摘せよ。

    18–6–12　原形動詞を使うところは？

    18–6–13　die はその中のどれか？

    18–6–14　cope はその中のどれか？

    18–6–15　Seeing はなぜ準動詞と言えるのか？

18–5–2　is

18–5–3　ない（従属節がないから、主節もなく、したがって「主節の述語動詞」
　　　　もない）

18–5–4　to be made, to wait

18–5–5　仮主語

18–5–6　名詞で真主語

18–5–7　－⑤

18–5–8　形容詞で補語

18–5–9　①

18–5–10　待つ状態が生み出されること

18–5–11　主語・動詞の目的語・補語・同格

18–5–12　be made, wait

18–5–13　be

18–5–14　made

18–5–15　is

□□□□□□□□□□□□□□□□□　　　　　　　　　　▶［黄リー教］p. 383

18–6–1　ペットが死ぬのを見て、子供は悲しみに対処するすべを学ぶ。

18–6–2　helps

18–6–3　現在形だから

18–6–4　Seeing, die, cope

18–6–5　⑤

18–6–6　Seeing

18–6–7　動詞の目的語

18–6–8　動詞の目的語

18–6–9　do 助動詞・一般助動詞の後 / 命令文 / 仮定法現在

18–6–10　to の後 / make・have・let などの補語

18–6–11　die, cope

18–6–12　to の後 / do 助動詞・一般助動詞の後 / 命令文 / make・have・let など
　　　　の補語 / 仮定法現在

18–6–13　make・have・let などの補語

18–6–14　make・have・let などの補語

18–6–15　裸の ing だから

Seeing a pet die helps a child cope with sorrow.

18–6–16 Seeing は「ing の可能性」の中のどれか？

18–6–17 Seeing の「前の品詞と働き」は？

18–6–18 Seeing は何番か？

18–6–19 die の「前の品詞と働き」は？

18–6–20 die は何番か？

18–6–21 Seeing a pet die を「⑤の基本的意味」と「O と C の間の意味上の主語・述語関係」のレベルで直訳しなさい。

18–6–22 cope の「前の品詞と働き」は？

18–6–23 cope は何番か？

18–6–24 helps a child cope with sorrow を「⑤の基本的意味」と「O と C の間の意味上の主語・述語関係」のレベルで直訳しなさい。

18–7 To be guilty of prejudice is to let thinking be influenced by feeling.

18–7–1 音読して、和訳しなさい。

18–7–2 述語動詞は？

18–7–3 準動詞は？

18–7–4 最初の be の品詞は？

18–7–5 2 番目の be の品詞は？

18–7–6 influenced は何形か？

18–7–7 過去分詞の可能性は？

18–7–8 influenced はその中のどれか？

18–7–9 be influenced の品詞は？

18–7–10 be influenced は何形か？

18–7–11 原形動詞を使うところは？

18–7–12 be influenced はその中のどれか？

18–7–13 be influenced は何番か？

18–7–14 let は何形か？

18–7–15 let の活用を言いなさい。

18–7–16 To be の「前の品詞と働き」は？

18–7–17 To be は何番か？

18–7–18 thinking の品詞と働きは？

18-6-16　動名詞

18-6-17　名詞で主語

18-6-18　⑤

18-6-19　形容詞で補語

18-6-20　①

18-6-21　ペットが死ぬ状態を認識すること

18-6-22　形容詞で補語

18-6-23　①

18-6-24　子供が悲しみを処理する状態を生み出す。

□□□□□□□□□□□□□□□□　　　▶［黄リー教］p. 384　Lesson 21-6

18-7-1　偏見の罪を犯すことは、思考が感情によって影響されるままにすることである。

18-7-2　is

18-7-3　To be, to let, be influenced

18-7-4　動詞

18-7-5　助動詞

18-7-6　過去分詞形

18-7-7　受身・完了・過去分詞形容詞用法・分詞構文

18-7-8　受身

18-7-9　動詞

18-7-10　原形

18-7-11　to の後 / do 助動詞・一般助動詞の後 / 命令文 / make・have・let などの補語 / 仮定法現在

18-7-12　make・have・let などの補語

18-7-13　－③

18-7-14　原形

18-7-15　let – let – let

18-7-16　名詞で主語

18-7-17　②

18-7-18　名詞で「動詞の目的語」

To be guilty of prejudice is to let thinking be influenced by feeling.

18–7–19 feeling の品詞と働きは？

18–7–20 to let の「前の品詞と働き」は？

18–7–21 to let は何番か？

18–7–22 be influenced の「前の働き」は？

18–7–23 is to let だけを直訳しなさい。

18–7–24 guilty の品詞と働きは？

18–7–25 「構造上の主語＋述語動詞」を指摘せよ。

18–7–26 「意味上の主語＋準動詞」を指摘せよ。

18–7–27 原形の動詞をすべて指摘せよ。

18–7–28 現在形の動詞をすべて指摘せよ。

18–7–29 原形の助動詞をすべて指摘せよ。

18–7–30 過去分詞形の動詞をすべて指摘せよ。

18–8　They accused him of being a traitor, which he was not.

18–8–1 音読して、和訳しなさい。

18–8–2 述語動詞は？

18–8–3 準動詞は？

18–8–4 大黒柱は？

18–8–5 which の品詞は？

18–8–6 関係代名詞の「内側の働き」は？

18–8–7 which の働きは？

18–8–8 which の先行詞は？

18–8–9 先行詞が人間なのに、なぜ関係代名詞が which なのか？

18–8–10 制限用法の関係代名詞が補語になる場合はどうするか？

18–8–11 一般的に being の可能性を全部言いなさい。

18–8–12 being はその中のどれか？

18–8–13 accused は何番か？

18–8–14 was は何番か？

18–8–15 was の補語は？

18–8–16 traitor の働きは？

18–7–19　名詞で「前置詞の目的語」

18–7–20　名詞で補語

18–7–21　⑤

18–7–22　補語

18–7–23　許すことである

18–7–24　形容詞で補語

18–7–25　To be … is

18–7–26　thinking be influenced

18–7–27　最初の be, let, be influenced

18–7–28　is

18–7–29　2 番目の be

18–7–30　influenced

□□□□□□□□□□□□□□□□　　　　　　　　▶［黄リー教］p. 385

18–8–1　彼らは彼を裏切り者であると非難したが、彼はそうではなかったのだ。

18–8–2　accused, was

18–8–3　being

18–8–4　accused

18–8–5　関係代名詞

18–8–6　主語・動詞の目的語・前置詞の目的語・補語

18–8–7　補語

18–8–8　traitor

18–8–9　非制限用法の関係代名詞が補語になる場合は、先行詞が人間でも which を使うから

18–8–10　先行詞が人間でも、人間でなくても、that を使うか、または省略する

18–8–11　①で動名詞・現在分詞形容詞用法・分詞構文 / ②で進行形・動名詞・現在分詞形容詞用法・分詞構文 / being p.p. は受身の動詞の ing 形で進行形・動名詞・現在分詞形容詞用法・分詞構文

18–8–12　②で動名詞

18–8–13　③

18–8–14　②

18–8–15　which

18–8–16　補語

They accused him of being a traitor, which he was not.

18-8-17 　この英文を語順のままに前から読みなさい。

18–9　I intended to have called on you, but was prevented from doing so.

18-9-1 　音読して、和訳しなさい。

18-9-2 　述語動詞は？

18-9-3 　準動詞は？

18-9-4 　大黒柱は？

18-9-5 　was prevented は何番か？

18-9-6 　have の品詞は？

18-9-7 　have は何形か？

18-9-8 　have を過去分詞形にしなさい。

18-9-9 　called は何形か？

18-9-10 　完了準動詞の形を全部言いなさい。

18-9-11 　完了準動詞の種類を全部言いなさい。

18-9-12 　to have called の「前の品詞と働き」は？

18-9-13 　to have called は何番か？

18-9-14 　to have called を文法用語で呼びなさい。

18-9-15 　but は何と何をつないでいるか？

18-9-16 　ing 形は大きく 2 つに分けると何と何か？

18-9-17 　doing はそのどちらか？

18-9-18 　動詞と名詞を兼ねる準動詞は？

18-9-19 　動詞と形容詞を兼ねる準動詞は？

18-9-20 　動詞と副詞を兼ねる準動詞は？

18-9-21 　doing の「前の品詞と働き」は？

18-9-22 　doing は何番か？

18-9-23 　so の品詞と働きは？

18-9-24 　was の品詞は？

18-9-25 　過去分詞形の動詞をすべて指摘せよ。

18-9-26 　過去分詞の可能性は？

18-9-27 　called はその中のどれか？

18–8–17　They accused him of being a traitor→彼らは彼を裏切り者であると非難した→which→その裏切り者→he was not→彼は～でなかった

▶[黄リー教] p. 385

□□□□□□□□□□□□□□□□

18–9–1　私は君を訪れるつもりだったが、できなかった。

18–9–2　intended, was prevented

18–9–3　to have called, doing

18–9–4　ない（従属節がないから、主節もなく、したがって「主節の述語動詞」もない）

18–9–5　－③

18–9–6　助動詞

18–9–7　原形

18–9–8　できない（過去分詞形はないから）

18–9–9　過去分詞形

18–9–10　to have p.p. / having p.p.

18–9–11　完了不定詞 / 完了動名詞 / 完了現在分詞形容詞用法 / 完了分詞構文

18–9–12　名詞で「動詞の目的語」

18–9–13　①

18–9–14　完了不定詞名詞用法

18–9–15　intended と was prevented

18–9–16　動名詞と現在分詞

18–9–17　動名詞

18–9–18　不定詞名詞用法・動名詞

18–9–19　不定詞形容詞用法・過去分詞形容詞用法・現在分詞形容詞用法

18–9–20　不定詞副詞用法・過去分詞の分詞構文・現在分詞の分詞構文

18–9–21　名詞で「前置詞の目的語」

18–9–22　①

18–9–23　副詞で動詞修飾

18–9–24　助動詞

18–9–25　called, prevented

18–9–26　受身・完了・過去分詞形容詞用法・分詞構文

18–9–27　完了

I intended to have called on you, but was prevented from doing so.

    18–9–28   prevented はその中のどれか？

19–1   He insists on paying what it has cost.

    19–1–1   音読して、和訳しなさい。

    19–1–2   述語動詞は？

    19–1–3   準動詞は？

    19–1–4   大黒柱は？

    19–1–5   一般的に what の品詞は？

    19–1–6   この what の品詞は？

    19–1–7   関係代名詞の what は何節を作るか？

    19–1–8   名詞節を作る語は？

    19–1–9   名詞節の働きは？

    19–1–10   what が作る従属節の外側は？

    19–1–11   paying と what の関係は？

    19–1–12   なぜか？

    19–1–13   what の働きは？

    19–1–14   どの動詞か？

    19–1–15   paying の「前の品詞と働き」は？

    19–1–16   paying は何番か？

    19–1–17   cost の活用を言いなさい。

    19–1–18   cost は何形か？

    19–1–19   cost は何番か？

    19–1–20   この英文を that 節を使って書き換えなさい。

19–2   That road led him in what he knew to be the right direction.

    19–2–1   音読して、直訳しなさい。

    19–2–2   意訳しなさい。

    19–2–3   述語動詞は？

    19–2–4   準動詞は？

    19–2–5   大黒柱は？

    19–2–6   That の品詞と働きは？

18–9–28　受身

▶［黄リー教］p. 407

□□□□□□□□□□□□□□□□□□

19–1–1　彼はそれにかかった費用をぜひ支払いたいと言っている。

19–1–2　insists, cost

19–1–3　paying

19–1–4　insists

19–1–5　関係代名詞・関係形容詞・疑問代名詞・疑問形容詞・疑問副詞・感嘆形容詞

19–1–6　関係代名詞

19–1–7　名詞節、ただし特定の形では副詞節になることもある

19–1–8　従属接続詞の that・if・whether / 疑問詞 / 感嘆詞 / 関係詞の what / 関係詞 -ever / 先行詞が省略された関係副詞

19–1–9　主語・動詞の目的語・前置詞の目的語・補語・同格

19–1–10　what から cost までが名詞節で「動詞の目的語」

19–1–11　関係ない

19–1–12　内外断絶しているから

19–1–13　動詞の目的語

19–1–14　cost

19–1–15　名詞で「前置詞の目的語」

19–1–16　③

19–1–17　cost – cost – cost

19–1–18　過去分詞形

19–1–19　③

19–1–20　He insists that he pay what it has cost.

□□□□□□□□□□□□□□□□□□

▶［黄リー教］p. 408

19–2–1　その道は彼が正しい方角であると知っている方角に彼を導いた。

19–2–2　その道によって彼は正しいと思われる方角に進んだ。

19–2–3　led, knew

19–2–4　to be

19–2–5　led

19–2–6　形容詞で名詞修飾

That road led him in what he knew to be the right direction.

19–2–7 led の活用を言いなさい。

19–2–8 led は何形か？

19–2–9 led は何番か？

19–2–10 knew の活用を言いなさい。

19–2–11 knew は何番か？

19–2–12 一般的に what の品詞は？

19–2–13 この what の品詞は？

19–2–14 in と what は構造上どういう関係にあるか？

19–2–15 なぜか？

19–2–16 in の目的語は？

19–2–17 what の働きは？

19–2–18 どの動詞か？

19–2–19 to be の「前の品詞と働き」は？

19–2–20 to be は何番か？

19–2–21 direction の働きは？

19–2–22 どの動詞の補語か？

19–2–23 he knew to be the right direction を直訳しなさい。

19–2–24 なぜ前置詞は in なのか？

19–3 **People disagree about how many Japanese soldiers were killed at the Battle of Buna.**

19–3–1 音読して、和訳しなさい。

19–3–2 述語動詞は？

19–3–3 準動詞は？

19–3–4 大黒柱は？

19–3–5 大黒柱とは？

19–3–6 were killed は何番か？

19–3–7 一般的に how の品詞は？

19–3–8 この how の品詞と働きは？

19–3–9 how many Japanese soldiers を直訳しなさい。

19–3–10 about の目的語は？

19–2–7　lead – led – led

19–2–8　過去形

19–2–9　③

19–2–10　know – knew – known

19–2–11　⑤

19–2–12　関係代名詞・関係形容詞・疑問代名詞・疑問形容詞・疑問副詞・感嘆
　　　　　形容詞

19–2–13　関係代名詞

19–2–14　関係ない

19–2–15　内外断絶しているから

19–2–16　what から direction までの名詞節

19–2–17　動詞の目的語

19–2–18　knew

19–2–19　形容詞で補語

19–2–20　②

19–2–21　補語

19–2–22　to be

19–2–23　彼が正しい方角であると知っていた

19–2–24　what に含まれている先行詞が direction だから

▶［黄リー教］p. 408

□□□□□□□□□□□□□□□□□

19–3–1　ブナの戦いで何人の日本兵が戦死したかについては人々の意見が一致
　　　　　していない。

19–3–2　disagree, were killed

19–3–3　ない

19–3–4　disagree

19–3–5　主節の述語動詞

19–3–6　－③

19–3–7　関係副詞・疑問副詞・感嘆副詞・従属接続詞

19–3–8　疑問副詞で形容詞修飾

19–3–9　どれくらいの数の日本兵

19–3–10　how から Buna までの名詞節

People disagree about how many Japanese soldiers were killed at the Battle of Buna.

19-3-11 名詞節を作る語は？

19-3-12 名詞節の働きは？

19-3-13 how many Japanese soldiers were killed at the Battle of Buna を間接感嘆文で和訳しなさい。

19-4 In Uganda I saw glorious butterflies the colour of whose wings changed from the deepest brown to the most brilliant blue, according to the angle from which you saw them.

19-4-1 音読して、和訳しなさい。

19-4-2 述語動詞は？

19-4-3 準動詞は？

19-4-4 大黒柱は？

19-4-5 saw と colour は構造上どういう関係にあるか？

19-4-6 なぜか？

19-4-7 colour の働きは？

19-4-8 saw の活用を言いなさい。

19-4-9 saw は何番か？

19-4-10 一般的に whose の品詞は？

19-4-11 この whose の品詞は？

19-4-12 whose の働きは？

19-4-13 whose が作る従属節の外側は？

19-4-14 形容詞節を作る語は？

19-4-15 changed は何番か？

19-4-16 angle の働きは？

19-4-17 どの前置詞か？

19-4-18 一般的に which の品詞は？

19-4-19 この which の品詞は？

19-4-20 which が作る従属節の外側は？

19-4-21 from which の品詞と働きは？

19-4-22 どの動詞か？

19-4-23 from which you saw them を間接疑問文で和訳しなさい。

19–3–11　従属接続詞の that・if・whether / 疑問詞 / 感嘆詞 / 関係詞の what / 関係詞 -ever / 先行詞が省略された関係副詞

19–3–12　主語・動詞の目的語・前置詞の目的語・補語・同格

19–3–13　いかに多くの日本兵がブナの戦いで殺されたかということ

□□□□□□□□□□□□□□□　　　　　　　▶ [黄リー教] p. 409

19–4–1　私はウガンダで、見る角度によって羽の色が最も深い褐色から最も鮮やかな青に変化する壮麗な蝶を見た。

19–4–2　saw, changed, saw

19–4–3　ない

19–4–4　最初の saw

19–4–5　関係ない

19–4–6　内外断絶しているから

19–4–7　（構造上の）主語

19–4–8　see – saw – seen

19–4–9　③

19–4–10　関係形容詞・疑問形容詞

19–4–11　関係形容詞

19–4–12　名詞修飾

19–4–13　the から them までが形容詞節で名詞修飾

19–4–14　関係詞、ただし「what」と「関係詞 -ever」と「先行詞が省略された関係副詞」は除く

19–4–15　①

19–4–16　前置詞の目的語

19–4–17　according to

19–4–18　関係代名詞・関係形容詞・疑問代名詞・疑問形容詞

19–4–19　関係代名詞

19–4–20　from から them までが形容詞節で名詞修飾

19–4–21　副詞句で動詞修飾

19–4–22　2 番目の saw

19–4–23　どちらから人はそれらを見たかということ

In Uganda I saw glorious butterflies the colour of whose wings changed from the deepest brown to the most brilliant blue, according to the angle from which you saw them.

19–4–24　この英文を語順のままに前から読みなさい。

20–1　The newly discovered element was named radium.

20–1–1　音読して、和訳しなさい。

20–1–2　述語動詞は？

20–1–3　準動詞は？

20–1–4　discovered の「前の品詞と働き」は？

20–1–5　discovered は何番か？

20–1–6　裸の過去分詞の可能性は？

20–1–7　裸の過去分詞の「前の品詞」は？

20–1–8　裸の過去分詞の番号は？

20–1–9　was named の番号は？

20–1–10　radium の働きは？

20–1–11　なぜか？

20–2　What is the language spoken in Brazil?

20–2–1　音読して、和訳しなさい。

20–2–2　述語動詞は？

20–2–3　準動詞は？

20–2–4　一般的に what の品詞は？

20–2–5　この what の品詞は？

20–2–6　what の働きは？

20–2–7　is の品詞は？

20–2–8　is の番号は？

20–2–9　is の主語は？

20–2–10　spoken の活用を言いなさい。

20–2–11　spoken は着物を着ているか、裸か？

20–2–12　裸の過去分詞の可能性は？

20–2–13　裸の過去分詞の「前の品詞」は？

19–4–24　In Uganda I saw glorious butterflies→ウガンダで私は壮麗な蝶を見た→the colour of whose wings→それらの蝶の羽の色→changed from the deepest brown to the most brilliant blue,→最も深い褐色から最も鮮やかな青に変化した→according to the angle→角度に応じて→from which→その角度から→you saw them→人はそれらを見た

□□□□□□□□□□□□□□□　　　　　　　▶［黄リー教］p. 436

20–1–1　その新たに発見された元素はラジウムと命名された。

20–1–2　was named

20–1–3　discovered

20–1–4　形容詞で名詞修飾

20–1–5　－③

20–1–6　過去分詞形容詞用法・分詞構文

20–1–7　形容詞・副詞

20–1–8　①・②・－③・－④・－⑤

20–1–9　－⑤

20–1–10　補語

20–1–11　前置詞が付いていなくて、主語の element とイコールだから

□□□□□□□□□□□□□□□　　　　　　　▶［黄リー教］p. 436

20–2–1　ブラジルで話されている言葉は何ですか？

20–2–2　is

20–2–3　spoken

20–2–4　関係代名詞・関係形容詞・疑問代名詞・疑問形容詞・疑問副詞・感嘆形容詞

20–2–5　疑問代名詞

20–2–6　補語

20–2–7　動詞

20–2–8　②

20–2–9　language

20–2–10　speak – spoke – spoken

20–2–11　裸

20–2–12　過去分詞形容詞用法・分詞構文

20–2–13　形容詞・副詞

20–2–14 裸の過去分詞の番号は？

20–2–15 自動詞の裸の過去分詞はどんな意味を表すか？

20–2–16 裸の過去分詞で使える①の動詞は？

20–2–17 裸の過去分詞で使える②の動詞は？

20–2–18 spoken の「前の品詞と働き」は？

20–2–19 spoken は何番か？

20–2–20 What を削除した Is the language spoken in Brazil? を和訳しなさい。

20–3 Why is the language spoken in Brazil?

20–3–1 音読して、和訳しなさい。

20–3–2 述語動詞は？

20–3–3 準動詞は？

20–3–4 一般的に why の品詞は？

20–3–5 why は何節を作るか？

20–3–6 Why の品詞と働きは？

20–3–7 is の品詞は？

20–3–8 spoken は着物を着ているか、裸か？

20–3–9 is spoken の番号は？

20–3–10 この英文を間接疑問文にしなさい。

20–3–11 末尾に Portuguese を付けた Why is the language spoken in Brazil Portuguese? を和訳しなさい。

20–3–12 Why is the language spoken in Brazil Portuguese? を間接疑問文にしなさい。

20–4 The media monarch turned politician seems certain to become the nation's next Prime Minister.

20–4–1 音読して、和訳しなさい。

20–4–2 述語動詞は？

20–4–3 準動詞は？

20–4–4 大黒柱は？

20–4–5 seems の主語は？

20–4–6 seems は何番か？

20–2–14 ①・②・－③・－④・－⑤

20–2–15 完了の意味

20–2–16 往来発着動詞、happened・fallen・retired・returned・gathered など

20–2–17 become, turned, gone

20–2–18 形容詞で名詞修飾

20–2–19 －③

20–2–20 その言葉はブラジルで話されていますか？

□□□□□□□□□□□□□□□□□□□ ▶［黄リー教］p. 436

20–3–1 なぜその言葉がブラジルで話されているのですか？

20–3–2 is spoken

20–3–3 ない

20–3–4 疑問副詞・関係副詞

20–3–5 疑問副詞は名詞節、関係副詞は形容詞節と名詞節

20–3–6 疑問副詞で動詞修飾

20–3–7 助動詞

20–3–8 着物を着ている

20–3–9 －③

20–3–10 why the language is spoken in Brazil

20–3–11 なぜブラジルで話されている言葉はポルトガル語なのですか？

20–3–12 why the language spoken in Brazil is Portuguese

□□□□□□□□□□□□□□□□□□□ ▶［黄リー教］p. 437

20–4–1 政治家に転じたそのメディアの帝王が、その国の次期首相になること
は確実だと思われる。

20–4–2 seems

20–4–3 turned, to become

20–4–4 ない（従属節がないから、主節もなく、したがって「主節の述語動詞」
もない）

20–4–5 media monarch

20–4–6 ②

The media monarch turned politician seems certain to become the nation's next Prime Minister.

20–4–7 turned は何形か？

20–4–8 turned は着物を着ているか、裸か？

20–4–9 裸の過去分詞の可能性は？

20–4–10 裸の過去分詞の番号は？

20–4–11 自動詞の裸の過去分詞はどんな意味を表すか？

20–4–12 他動詞の裸の過去分詞はどんな意味を表すか？

20–4–13 裸の過去分詞が①になるのはどういう動詞か？

20–4–14 裸の過去分詞が②になるのはどういう動詞か？

20–4–15 turned の「前の品詞と働き」は？

20–4–16 turned は何番か？

20–4–17 politician の働きは？

20–4–18 The media monarch turned politician … を直訳しなさい。

20–4–19 The media monarch turned politician. を直訳しなさい。

20–4–20 to become の「前の品詞と働き」は？

20–4–21 to become は何番か？

20–4–22 certain to become を直訳しなさい。

20–4–23 この英文中の補語を指摘しなさい。

20–5 A lawyer for one of the drivers involved in an auto accident telephoned a man listed on the police report as a witness.

20–5–1 音読して、和訳しなさい。

20–5–2 「構造上の主語＋述語動詞」を指摘せよ。

20–5–3 準動詞は？

20–5–4 involved は何形か？

20–5–5 involved は何番か？

20–5–6 telephoned は何形か？

20–5–7 telephoned は何番か？

20–5–8 listed は何形か？

20–5–9 listed は何番か？

20–5–10 過去分詞の可能性は？

20–5–11 involved はその中のどれか？

20–5–12 listed はその中のどれか？

20–4–7　過去分詞形

20–4–8　裸

20–4–9　過去分詞形容詞用法・分詞構文

20–4–10　①・②・－③・－④・－⑤

20–4–11　完了の意味

20–4–12　受身の意味

20–4–13　往来発着動詞、happened, fallen, retired, returned, gathered など

20–4–14　become, turned, gone

20–4–15　形容詞で名詞修飾

20–4–16　②

20–4–17　補語

20–4–18　政治家になってしまったメディアの帝王は…

20–4–19　そのメディアの帝王は政治家になった。

20–4–20　副詞で形容詞修飾

20–4–21　②

20–4–22　〜になる点で確実な

20–4–23　politician, certain, Prime Minister

□□□□□□□□□□□□□□□□□　　　　　　　　　　　　▶［黄リー教］p. 437

20–5–1　交通事故に巻き込まれたドライバーの一人についた弁護士が、警察の報告書に目撃者として記載されている男に電話をかけた。

20–5–2　lawyer … telephoned

20–5–3　involved, listed

20–5–4　過去分詞形

20–5–5　－③

20–5–6　過去形

20–5–7　③

20–5–8　過去分詞形

20–5–9　－③

20–5–10　受身・完了・過去分詞形容詞用法・分詞構文

20–5–11　過去分詞形容詞用法

20–5–12　過去分詞形容詞用法

A lawyer for one of the drivers involved in an auto accident telephoned a man listed on the police report as a witness.

20–5–13　この英文を準動詞を使わずに書き換えなさい。

20–6　Hearing the problem put like that I felt my cheeks grow red with anger.

20–6–1　音読して、和訳しなさい。

20–6–2　述語動詞は？

20–6–3　felt の活用を言いなさい。

20–6–4　準動詞は？

20–6–5　put は何形か？

20–6–6　put の活用を言いなさい。

20–6–7　put は着物を着ているか、裸か？

20–6–8　裸の過去分詞の可能性は？

20–6–9　put はその中のどれか？

20–6–10　過去分詞形容詞用法の「前の働き」は？

20–6–11　put の「前の働き」は？

20–6–12　裸の過去分詞の番号は？

20–6–13　裸の過去分詞が①になるのはどういう動詞か？

20–6–14　裸の過去分詞が②になるのはどういう動詞か？

20–6–15　put は何番か？

20–6–16　like の品詞は？

20–6–17　that の品詞と働きは？

20–6–18　put like that だけを直訳しなさい。

20–6–19　Hearing は動名詞か、現在分詞か？

20–6–20　現在分詞の可能性は？

20–6–21　Hearing はその中のどれか？

20–6–22　Hearing は何番か？

20–6–23　ing 形の動詞を述語動詞にする方法は？

20–6–24　grow は何形か？

20–6–25　原形動詞を使うところは？

20–6–26　grow はその中のどれか？

20–6–27　grow だけを直訳しなさい。

20–5–13　A lawyer for one of the drivers who were involved in an auto accident telephoned a man who was listed on the police report as a witness.

□□□□□□□□□□□□□□□□　　▶［黄リー教］p. 438　Lesson 21–7

20–6–1　その問題がそんなふうに言われるのを聞いて、私は怒りで頬が赤くなるのを感じた。

20–6–2　felt

20–6–3　feel – felt – felt

20–6–4　Hearing, put, grow

20–6–5　過去分詞形

20–6–6　put – put – put

20–6–7　裸

20–6–8　過去分詞形容詞用法・分詞構文

20–6–9　過去分詞形容詞用法

20–6–10　名詞修飾・補語

20–6–11　補語

20–6–12　①・②・－③・－④・－⑤

20–6–13　往来発着動詞 , happened, fallen, retired, returned, gathered など

20–6–14　become, turned, gone

20–6–15　－③

20–6–16　前置詞

20–6–17　名詞で「前置詞の目的語」

20–6–18　それのように表現される

20–6–19　現在分詞

20–6–20　進行形・現在分詞形容詞用法・分詞構文

20–6–21　分詞構文

20–6–22　⑤

20–6–23　進行形にする

20–6–24　原形

20–6–25　to の後 / do 助動詞・一般助動詞の後 / 命令文 / make・have・let などの補語 / 仮定法現在

20–6–26　make・have・let などの補語

20–6–27　〜になる

Hearing the problem put like that I felt my cheeks grow red with anger.

20–6–28 「意味上の主語＋準動詞」を指摘せよ。

20–6–29 Hearing the problem put like that を「⑤の基本的意味」と「O と C の間の意味上の主語・述語関係」のレベルで直訳しなさい。

20–6–30 felt my cheeks grow red with anger を「⑤の基本的意味」と「O と C の間の意味上の主語・述語関係」のレベルで直訳しなさい。

20–7 All things considered, I think we did well.

20–7–1 音読して、和訳しなさい。

20–7–2 述語動詞は？

20–7–3 準動詞は？

20–7–4 大黒柱は？

20–7–5 think は何番か？

20–7–6 この英文中の従属節の外側を言いなさい。

20–7–7 we did well を名詞節にしている語は？

20–7–8 なぜ省略できるのか？

20–7–9 名詞節を作る語は？

20–7–10 従属節を作る that の品詞は？

20–7–11 従属接続詞の働きは？

20–7–12 did は何番か？

20–7–13 considered は何形か？

20–7–14 considered は「過去分詞の可能性」の中のどれか？

20–7–15 considered の「前の品詞と働き」は？

20–7–16 considered は何番か？

20–7–17 裸の過去分詞の番号は？

20–7–18 裸の過去分詞で使える①の動詞は？

20–7–19 裸の過去分詞で使える②の動詞は？

20–7–20 自動詞の裸の過去分詞はどんな意味を表すか？

20–7–21 他動詞の裸の過去分詞はどんな意味を表すか？

20–7–22 gone を裸の過去分詞で使ったときの意味は？

20–7–23 裸の過去分詞が②のときの意味は？

20–7–24 things の働きは？

20–7–25 分詞構文に「意味上の主語」を付けるときはどのようにするか？

20–6–28　I...Hearing / problem put / cheeks grow

20–6–29　その問題がそれのように表現される状態を認識して

20–6–30　私の頬が怒りで赤くなる状態を認識した。

□□□□□□□□□□□□□□□　　　　　　　▶［黄リー教］p. 439

20–7–1　すべてを考え合わせると、我々はうまくやったと私は思う。

20–7–2　think, did

20–7–3　considered

20–7–4　think

20–7–5　③

20–7–6　we から well までが名詞節で「動詞の目的語」

20–7–7　think と we の間に省略された従属接続詞の that

20–7–8　that 節が「動詞の目的語」になっているときは that を省略できるから

20–7–9　従属接続詞の that・if・whether / 疑問詞 / 感嘆詞 / 関係詞の what / 関係詞 -ever / 先行詞が省略された関係副詞

20–7–10　従属接続詞・関係代名詞・関係副詞

20–7–11　副詞節を作る、ただし that・if・whether は名詞節も作る

20–7–12　①

20–7–13　過去分詞形

20–7–14　分詞構文

20–7–15　副詞で文修飾

20–7–16　－③

20–7–17　①・②・－③・－④・－⑤

20–7–18　往来発着動詞、happened・fallen・retired・returned・gathered など

20–7–19　become, turned, gone

20–7–20　完了の意味

20–7–21　受身の意味

20–7–22　①だと「行ってしまった」、②だと「～になってしまった」

20–7–23　～になってしまった

20–7–24　意味上の主語

20–7–25　直前に主格の名詞・代名詞を置く

All things considered, I think we did well.

20–7–26 分詞構文が表す意味は？

20–7–27 considered はその中のどれか？

20–7–28 「意味上の主語が付いた分詞構文」は文法用語で何と呼ばれるか？

20–7–29 All things considered を直訳しなさい。

20–8 The needles used to inject heroin are spreading AIDS.

20–8–1 音読して、和訳しなさい。

20–8–2 述語動詞は？

20–8–3 準動詞は？

20–8–4 大黒柱は？

20–8–5 are spreading はなぜ述語動詞と言えるのか？

20–8–6 are spreading は何番か？

20–8–7 「to 原形」の可能性は？

20–8–8 to inject はその中のどれか？

20–8–9 不定詞副詞用法の「前の働き」は？

20–8–10 to inject はその中のどれか？

20–8–11 どの動詞か？

20–8–12 used は何形か？

20–8–13 used の「前の品詞と働き」は？

20–8–14 used は何番か？

20–8–15 used to inject を「準動詞＋準動詞」で和訳せよ。

20–8–16 used to inject を「助動詞＋述語動詞」で和訳せよ。

20–8–17 heroin の働きは？

20–8–18 spreading の活用を言いなさい。

20–8–19 AIDS の働きは？

20–8–20 AIDS は何を略したものか？

21–1 Do you have anything to add to what I've said?

21–2 She paid no attention to who she received documents from.

□□□□□□□□□□□□□□ ▶［黄リー教］p. 440

20–8–1 ヘロインを注射するのに使われる針がエイズを広めている。

20–8–2 are spreading

20–8–3 used, to inject

20–8–4 ない

20–8–5 現在形だから

20–8–6 ③

20–8–7 助動詞の一部＋述語動詞・不定詞名詞用法・不定詞形容詞用法・不定詞副詞用法

20–8–8 不定詞副詞用法

20–8–9 動詞修飾・形容詞修飾・他の副詞修飾・文修飾

20–8–10 動詞修飾

20–8–11 used

20–8–12 過去分詞形

20–8–13 形容詞で名詞修飾

20–8–14 －③

20–8–15 注射するために使われる

20–8–16 昔よく注射したものだった

20–8–17 動詞の目的語

20–8–18 spread – spread – spread

20–8–19 動詞の目的語

20–8–20 acquired immunodeficiency syndrome

▶［黄リー教］p. 355（Q & A は本章 17–2 参照）

▶［黄リー教］p. 358（Q & A は本章 17–8 参照）

21–3　Mary admitted having been told a lie.

21–3–1　音読して、和訳しなさい。

21–3–2　述語動詞は？

21–3–3　admitted は何番か？

21–3–4　準動詞は？

21–3–5　絶対に準動詞と言えるか？

21–3–6　なぜか？

21–3–7　裸の ing というのはどれのことか？

21–3–8　having の品詞は？

21–3–9　have 助動詞は何形の動詞に付くか？

21–3–10　having が付いている動詞は？

21–3–11　一般的に been の可能性を全部言いなさい。

21–3–12　been はその中のどれか？

21–3–13　been の品詞は？

21–3–14　told は何形か？

21–3–15　told は「過去分詞の可能性」の中のどれか？

21–3–16　been told の品詞は？

21–3–17　been told は何形か？

21–3–18　been told は「過去分詞の可能性」の中のどれか？

21–3–19　完了準動詞の形を全部言いなさい。

21–3–20　完了準動詞の種類を全部言いなさい。

21–3–21　having been told はその中のどれか？

21–3–22　having been told の「前の品詞」は？

21–3–23　having been told の「前の働き」は？

21–3–24　having been told は何番か？

21–3–25　having been told だけを訳しなさい。

21–3–26　lie の働きは？

21–3–27　「意味上の主語＋準動詞」を指摘せよ。

21–3–28　過去形の動詞をすべて指摘せよ。

21–3–29　過去分詞形の動詞をすべて指摘せよ。

21–3–30　過去分詞形の助動詞をすべて指摘せよ。

21–3–31　ing 形の助動詞をすべて指摘せよ。

□□□□□□□□□□□□□□□□□□ ▶［黄リー教］p. 366

21–3–1 メアリーはうそをつかれたことを認めた。

21–3–2 admitted

21–3–3 ③

21–3–4 having been told

21–3–5 言える

21–3–6 裸の ing だから

21–3–7 having been told

21–3–8 助動詞

21–3–9 過去分詞形

21–3–10 been told

21–3–11 ①の過去分詞で完了 / ②の過去分詞で完了 / been p.p. は受身の動詞の
過去分詞で完了 / been -ing は進行形の動詞の過去分詞で完了

21–3–12 been p.p. は受身の動詞の過去分詞で完了

21–3–13 助動詞

21–3–14 過去分詞形

21–3–15 受身

21–3–16 動詞

21–3–17 過去分詞形

21–3–18 完了

21–3–19 to have p.p. / having p.p.

21–3–20 完了不定詞 / 完了動名詞 / 完了現在分詞形容詞用法 / 完了分詞構文

21–3–21 完了動名詞

21–3–22 名詞

21–3–23 動詞の目的語

21–3–24 －④

21–3–25 言われたこと

21–3–26 動詞の目的語

21–3–27 Mary … having been told

21–3–28 admitted

21–3–29 been told, told

21–3–30 been

21–3–31 having

Mary admitted having been told a lie.

21–3–32　Mary admitted having told a lie. を和訳しなさい。

21–4　She wondered what it was like not being rich.

21–5　It was all I could do not to fall asleep.

21–6　To be guilty of prejudice is to let thinking be influenced by feeling.

21–7　Hearing the problem put like that I felt my cheeks grow red with anger.

21–3–32 メアリーはうそをついたことを認めた。

▶［黄リー教］p. 381（Q & A は本章 18–2 参照）

▶［黄リー教］p. 382（Q & A は本章 18–3 参照）

▶［黄リー教］p. 384（Q & A は本章 18–7 参照）

▶［黄リー教］p. 438（Q & A は本章 20–6 参照）

※ページ番号は『黄リー教』のページ数を指す。

1–1	speak English very fluently	(p. 7)
1–2	speak very fluent English	(p. 7)
1–3	eat so much sweet fruit	(p. 7)
1–4	overly friendly	(p. 7)
1–5	almost completely correct	(p. 7)
2–1	soon began a different job	(p. 18)
2–2	start an accessory shop	(p. 18)
2–3	sang the same song repeatedly	(p. 18)
2–4	bought an egg spoon today	(p. 19)
3–1	The team quickly accepted the new member.	(p. 26)
3–2	My mother fell ill.	(p. 26)
3–3	Your book is not here.	(p. 26)
3–4	She gave me a warm welcome.	(p. 26)
3–5	There followed a long silence.	(p. 27)
4–1	A baby's cheek feels soft.	(p. 43)
4–2	My mother read me fairy tales.	(p. 43)
4–3	Ken's sister always keeps her shoes clean.	(p. 43)
4–4	It isn't your car — it's hers.	(p. 43)
4–5	Our ways weren't David's.	(p. 44)
4–6	Nowadays my daughters always play indoors.	(p. 44)
5–1	You refused me permission without reason.	(p. 67)
5–2	Madonna made this song a great hit.	(p. 67)
5–3	Betty feels most at home with cats.	(p. 68)
5–4	I wish you a merry Christmas.	(p. 68)
5–5	Vegetables grow well in Kent.	(p. 68)
5–6	In addition to rice, they grow vegetables.	(p. 68)
5–7	I found everything in good order.	(p. 69)
5–8	The notes on the meaning of these words are on page 50.	(p. 69)
5–9	Her new dress became her favorite.	(p. 69)
5–10	Her new dress becomes her.	(p. 69)

6–1　How many pupils are there in your class?　(p. 100)

6–2　How much time can you spare me?　(p. 101)

6–3　This volcano shows no signs of activity.　(p. 101)

6–4　What time do you open your office?　(p. 101)

6–5　The imperial Japanese army was one war behind the times.　(p. 101)

6–6　Never mind about that.　(p. 102)

6–7　London, the capital of England, stands on the Thames.　(p. 102)

6–8　You shouldn't do it this way.　(p. 102)

6–9　What are you going to call the baby?　(p. 103)

6–10　We have to take the bus and then change to another one.　(p. 103)

6–11　Baseball used to be by far the most popular sport in Japan.　(p. 104)

7–1　Liz is being neat and clean today.　(p. 120)

7–2　What are you doing now?　(p. 120)

7–3　What are you doing tonight?　(p. 121)

7–4　What will you be doing tonight?　(p. 121)

7–5　In those days, we were getting up at seven o'clock and going to work.　(p. 121)

8–1　The book is being printed, and it will be published in a fortnight.　(p. 144)

8–2　Japanese houses used to be mostly built of wood and paper.　(p. 145)

8–3　The water was turned green by the dye.　(p. 145)

8–4　How long in advance can theater tickets be reserved?　(p. 146)

8–5　How many Japanese soldiers were killed at the Battle of Buna?　(p. 146)

8–6　Reference books are not to be taken out of the library.　(p. 147)

9–1　I'd already seen the film, so I didn't go with the others.　(p. 175)

9–2　Never in my life have I felt so alone.　(p. 176)

9–3　Some good fairy must have been protecting me.　(p. 176)

9–4　Who has been drinking from my cup?　(p. 177)

10–1　What time do you open your office?　(p. 101)

10–2　Liz is being neat and clean today.　(p. 120)

10–3　Japanese houses used to be mostly built of wood and paper.　(p. 145)

10–4　Reference books are not to be taken out of the library.　(p. 147)

10–5　She may have been reading yesterday.　(p. 165)

10–6　Has this skirt been washed yet?　(p. 168)

11–1　We had to break the door down because we had lost the key.　(p. 195)

11–2　If the float moves, there is probably a fish on the hook.　(p. 195)

11–3　They will have built a bridge across the river by the time you visit the place.
　　　(p. 196)

11–4　So many African elephants have been shot that the species has almost been killed off.　(p. 196)

11–5　Unless I'm mistaken, I've seen that man before.　(p. 198)

11–6　I got up early so that I could catch the first train.　(p. 198)

12–1　Ichiro joining us, we would be able to win the game.　(p. 226)

12–2　He is too wise not to see the reason.　(p. 228)

12–3　The work not having been done, they could not go home.　(p. 228)

12–4　There being a curve in the road, you cannot see her house from here.　(p. 229)

12–5　He was standing there, his hat in his hand.　(p. 230)

12–6　I am proud to have been able to help you.　(p. 230)

12–7　Having been studying since school finished, she didn't answer the telephone.
　　　(p. 230)

12–8　My folks didn't come over on the Mayflower, but they were there to meet the boat.　(p. 231)

13–1　We can forgive those who bore us but we cannot forgive those whom we bore.
　　　(p. 255)

13–2　I know the man you came in with.　(p. 256)

13–3　I met a sentence the meaning of which I could not understand.　(p. 257)

13–4　One of the worlds you are certain to touch in college is that of books.　(p. 257)

13–5　At noon our party assembled in a dell, through the depth of which ran a little brook.　(p. 258)

14–1　The day will come when nobody will believe you.　(p. 277)

14–2　Your letter came on the very day that I came home.　(p. 277)

14–3　A man whose name I have forgotten came to see you this morning.　(p. 278)

14–4　The town where my uncle lives is not very far from here.　(p. 279)

14–5　Can you copy the way he moves his arms?　(p. 279)

15–1　I believe the report to have been proven false.　(p. 304)

15–2　There seems to be nothing to be done about it.　(p. 304)

15–3　I was obliged to borrow money to pay my father's hospital bills with.　(p. 305)

15–4　She gave him an admiring look.　(p. 306)

15–5　He was elected president of the university being built in Nagoya.　(p. 306)

15–6　I regard the contract as having been broken. (p. 307)

15–7　Watching her children playing in the river, she was thinking about the time when she had nearly drowned in it. (p. 307)

15–8　To hear him talk, one would think him to be quarreling. (p. 308)

15–9　This makes the sun seem to be going round us. (p. 308)

16–1　So many African elephants have been shot that the species has almost been killed off. (p. 196)

16–2　I am proud to have been able to help you. (p. 230)

16–3　One of the worlds you are certain to touch in college is that of books. (p. 257)

16–4　I met a sentence the meaning of which I could not understand. (p. 257)

16–5　Let's try once again. (p. 301)

16–6　I believe the report to have been proven false. (p. 304)

16–7　I was obliged to borrow money to pay my father's hospital bills with. (p. 305)

16–8　They will have built a bridge across the river by the time you visit the place. (p. 196)

16–9　He was elected president of the university being built in Nagoya. (p. 306)

16–10　Watching her children playing in the river, she was thinking about the time when she had nearly drowned in it. (p. 307)

17–1　Add to this the fact that her mother's ill, and you can understand why she is busy. (p. 354)

17–2　Do you have anything to add to what I've said? (p. 355)

17–3　Mr. Smith acknowledged how silly his mistake was. (p. 356)

17–4　I gave to the poor girl what money I had with me then. (p. 357)

17–5　I'm standing for the reason that I don't have a seat. (p. 357)

17–6　The reason that I'm standing is obvious. I don't have a seat. (p. 357)

17–7　I don't remember to whom I lent the book. (p. 358)

17–8　She paid no attention to who she received documents from. (p. 358)

17–9　He was angry with whoever disagreed with him. (p. 359)

17–10　Cats do not purr to let us know they are pleased, but simply because they are pleased. (p. 360)

18–1　There seems little chance of his being elected. (p. 380)

18–2　She wondered what it was like not being rich. (p. 381)

18–3　It was all I could do not to fall asleep. (p. 382)

18–4　He can't stand being kept waiting. (p. 382)

18–5　It is disagreeable to be made to wait for a long time.　(p. 383)

18–6　Seeing a pet die helps a child cope with sorrow.　(p. 383)

18–7　To be guilty of prejudice is to let thinking be influenced by feeling.　(p. 384)

18–8　They accused him of being a traitor, which he was not.　(p. 385)

18–9　I intended to have called on you, but was prevented from doing so.　(p. 385)

19–1　He insists on paying what it has cost.　(p. 407)

19–2　That road led him in what he knew to be the right direction.　(p. 408)

19–3　People disagree about how many Japanese soldiers were killed at the Battle of Buna.　(p. 408)

19–4　In Uganda I saw glorious butterflies the colour of whose wings changed from the deepest brown to the most brilliant blue, according to the angle from which you saw them.　(p. 409)

20–1　The newly discovered element was named radium.　(p. 436)

20–2　What is the language spoken in Brazil?　(p. 436)

20–3　Why is the language spoken in Brazil?　(p. 436)

20–4　The media monarch turned politician seems certain to become the nation's next Prime Minister.　(p. 437)

20–5　A lawyer for one of the drivers involved in an auto accident telephoned a man listed on the police report as a witness.　(p. 437)

20–6　Hearing the problem put like that I felt my cheeks grow red with anger.　(p. 438)

20–7　All things considered, I think we did well.　(p. 439)

20–8　The needles used to inject heroin are spreading AIDS.　(p. 440)

21–1　Do you have anything to add to what I've said?　(p. 355)

21–2　She paid no attention to who she received documents from.　(p. 358)

21–3　Mary admitted having been told a lie.　(p. 366)

21–4　She wondered what it was like not being rich.　(p. 381)

21–5　It was all I could do not to fall asleep.　(p. 382)

21–6　To be guilty of prejudice is to let thinking be influenced by feeling.　(p. 384)

21–7　Hearing the problem put like that I felt my cheeks grow red with anger.　(p. 438)

基本文法から学ぶ 英語リーディング教本
徹底反復練習

● 2023 年 2 月 28 日　初版発行 ●
● 2024 年 2 月 29 日　3 刷発行 ●

● 著　者 ●

薬袋　善郎

©Yoshiro Minai, 2023

● 発行者 ●

吉田　尚志

● 発行所 ●

株式会社　研究社

〒102-8152 東京都千代田区富士見 2-11-3
電話　営業 (03) 3288-7777 (代)　編集 (03) 3288-7711 (代)
振替　00150-9-26710
https://www.kenkyusha.co.jp/

KENKYUSHA
〈検印省略〉

● 印刷所 ●

図書印刷株式会社

● 装丁 ●

Malpu Design (清水良洋)

ISBN 978-4-327-45314-5 C1082　Printed in Japan